当今世界，文化与经济、政治相互交融，文化发展对于促进经济增长、增强综合国力、参与国际竞争、培育民族精神、提高国民素质、推动社会进步，具有越来越重要的基础性、关键性、战略性作用。

当代人类社会的发展不仅是经济的发展，而且是文化的发展。文化产业是文化建设的重要组成部分。文化产业的发展已经成为衡量一个国家和地区现代文明程度的重要标志。作为21世纪的"朝阳产业"，无论是发达国家还是发展中国家，都已把大力发展文化产业作为新的经济增长点。

文化产业发展论

WHCYFZL

丹增

人民出版社

丹增

自序

我出生在藏北高原，那是世界屋脊的屋脊，在极其艰苦的自然环境中，千百年来为了求得生存，我的祖先们养成了一种极其坚韧不拔的民族性格和奋斗不息的民族精神，这是中华民族民族精神的重要组成部分。我不论走到哪里，我都深深眷恋着那块土地。我热爱我的家乡，所以我热爱我的祖国。试想，一个人对生他养他的故土都不会有一丝情意的话，他会爱国家、爱民族吗?

2002 年 4 月，因工作需要，我由北京中国作协调云南工作，虽然云南与西藏毗邻，此前我却从未到过云南。多少年前，就有要到云南神秘的土地上去走走看看的心愿，现在却变得更加实在、更加具体了，是到这儿来工作，甚至度过晚年，成为她的一员，而不是走走看看的旅行者、匆匆过客了。

从北京来到艳阳高照、春光明媚的昆明，使我从一开始便喜欢上了这座城市和云南这块土地。为了解情况，我在短短一年时间里走过了云南的山山水水、村村寨寨。从雪域高原的梅里雪山到热带雨林的西双版纳，从南诏大理国故地的洱海之滨到同样具有厚重历史的滇东乌蒙高原，从澜沧江畔到珠江源头，从丽江古城到河口边陲，从红河两岸到高黎贡山……每到一处都被这里秀美雄奇的景色所折服，每到一地都被热情、真挚的各民族兄弟姐妹的盛情所感动。我深深爱上了这块古老而神秘的土地，深深爱上了这里淳朴善良的人民。

然而，云南又是中国贫困人口最多的省份之一，贫困面之大，贫困程度之深，难以想象。特别是边疆少数民族地区和高寒山区的贫困状况，更是难以表述。每当想起他们热情好客而又一贫如洗的情景，我的心就隐隐作痛。尽快改变这里的贫困面貌，是全省各族人民的期盼，更是云南各级党政领导干部的历史责任。云南人民对我们那么好，无论从党的事业、国家义务，还是个人情感，我都没有理由不加倍努力、踏实工作。

深化文化体制改革，加快文化产业发展，建设民族文化大省，是省委的战略决策，也是我的主要工作职责。怎样在省委重大战略决策的基础上，创造性地工作，为云南的可持续发展铺垫一块基石，是我们这一代人的共同心愿。把文化产业作为云南新的经济增长点和新的支柱产业来抓，既符合云南实际，又顺应世界经济发展潮流。基于这些思考，近两年我就文化产业的世界发展态势、中国发展状况和云南发展前景等诸多问题，进行了认真思考，结合工作实际，形成这本《文化产业发展论》。它不同于学者的理论探索，也不同于实际工作者的工作部署。它既有一些理论问题的思考，也有可操作性的阐述。它源于实践，又初步形成了一个理论框架。如果呈现给读者的这本小册子，能对理论工作者有点启发，对实际工作者有点参考，哪怕只是一点点、一丝丝，亦足以慰我心矣！

目录

CONTENTS

CONTENTS

第一章

知识经济背景下的文化产业

文化产业在全球的兴起，植根于知识经济和时代背景，同时也将成为知识经济不断发展的重要支撑产业。它们之间应当是一种相互依赖、相互促进、互为条件的辩证关系。

20世纪90年代，世界经济发展格局开始发生深刻的变化，全球经济发展开始进入一个全新的时代，即以知识为核心生产要素的“知识经济”时代。在这个背景下，文化产业在全球尤其是在发达国家蓬勃兴起。最近几年来，随着文化产业在世界范围内的发展，有关文化产业的研究在国内外方兴未艾，热闹非常，无论在宏观层面还是微观层面，都形成了许多颇有见地的理论观点。这些理论观点对于启迪我们的思路，引发我们的进一步思考，发展有中国特色的文化产业，有很多帮助。

一、文化产业在全球兴起的知识经济背景

从20世纪90年代开始，现代文化产业就开始在全球范围内全面兴起。从美国到加拿大，从欧洲的英国、法国、德国到亚洲的日本、韩国、中国香港等国家和地区，文化产业以席卷全球之势，纷纷成为这些国家和地区经济结构战略性调整的最重要的承载产业与国民经济发展的重要支柱产业，超越了汽车、航空航天等传统产业，呈现出朝阳产业、新兴产业的朝气与活力。如果对世界经济20多年来的发展变化轨迹作一番审视，我们就能够清晰地发现，文化产业在全球的兴起、发展、壮大几乎是与知识经济的发端、发展、壮大相伴相生的。换句话说，文化产业的兴起，具备非常深刻的知识经济背景。

发端于美国，随后便风靡全球的知识经济，是指对知识（智力）资源的占有、配置、生产和使用（消费）为最重要因素的经济，其最突出的特点是知识的经济功能得到最充分的体现，在产品的价值构成中，知识所创造的价值所占比重最大。知识经济以智力资源为重要依托，以人力资本投入为主，进而促进人与社会产品的生产和扩大再生产，使物质产品的价值在知识的作用下得

以呈几何级数的增长，深刻地改变了传统的经济增长方式。知识经济概念的提出，是相对于传统的农业经济、工业经济而言的。从古典经济学诞生起，财富的源泉就一直被视为有形的生产要素。重农主义者认为财富的源泉是土地，重商主义者把货币视做财富源泉。亚当·斯密之后，西方经济学家则把劳动和资本看做是社会财富增长和产业发展的基础。进入知识经济时代之后，知识则成为了社会生产最重要、最基本的要素，一切的生产活动、经济行为均围绕着“知识”这一核心要素而进行。其他的生产要素必须依赖知识的力量来更新，依靠知识的力量来装备。而为人们所广泛关注并高度重视、对经济社会发展贡献越来越大的高新科技，其实质就是知识的凝结，是知识的物化和延伸。

一般认为，形成于 20 世纪 90 年代的知识经济，将在 21 世纪凸显强势。总部设在巴黎的经济合作与发展组织认为，知识经济一词出自对知识和科技在经济增长中的作用的认识。在传统的经济概念中，生产取决于所用生产要素的数量，特别是劳动、资本、设备和资源，技术或知识被视为外部要素，而不是生产函数的完整组成部分。当代经济学家则直接将“知识”要素列入其中，在经济增长的新概念里，经济增长更直接地取决于知识的投资。知识可以扩大传统生产要素的生产能力，还可以提供调整生产要素创造革新产品和改进生产程序的能力。新古典主义经济增长模式的核心是资本积累，与此相反，以知识为基础的经济增长新模式鼓励创造新知识和在经济中传播新技术的手段。知识经济是以现代科学技术为核心的建立在知识与信息的生产、存储、使用和消费之上的经济，它更富人性化，也更能体现价值规律。

知识经济这一概念的形成和提出并不是一种偶然，而是经济发展的必然。国内外许多研究者都认为：知识的传播与创新是重要的，知识经济是一种促进人与自然高度协调，可持续发展的经济，经济技术的提高主要靠技术创新，靠拥有知识产权，靠把科技成果转化为生产力，更强调经济效益，而不单纯追求产值，知识经济是以知识、智力、无形资产的投入为主的经济，经济的发展主要靠掌握知识的人。“知识经济”就是建立在信息网络技术和人力知识资本基础之上的经济。它与“新经济”、“网络经济”、“信息经济”、“数字经济”、“智能经济”等概念的含义是基本相同的。

知识经济的最大特点是以信息经济和知本经济为主，高效率、高效益的生产与组织方式，生产与消费再一次融合，工业时代的分工被重新整合，生产与消费高度社会化；人力资本是最活跃的生产要素，文化与知识本身成为最主要的产品。其中，信息网络成为知识经济的基础设施与基本环境，网络与信息技术使世界变小、精确、透明了，从而消除了供求中的许多矛盾因素。

在文化产业的主体行业中，与文化商品的开发、制作、生产、流通、消费相关的游戏、娱乐、动画、音乐、演出、卡通、出版、报刊、电影、广播电视和工艺品制造等，以及其他相关行业，都基本具备以下一些共同点：精神性，人类的创意与知识相融合的结晶；数字化，数码技术发展与媒体相结合进而扩大了再生产；高价值，是能够创造高附加值的服务产业的核心领域；高增长，均具备高增长潜力；规模化，大都具有规模化生产的可能；环保性，与环境具有较多亲和力的未来型产业。

从网络技术的发展状况看，新的媒介革命的兴起，原有文化艺术领域内部发生了行业内的大调整、大改组，新的艺术传播媒介如卫星电视、数字电视及网络游戏等高速发展，使得像电影这样一些昔日文化艺术界的“龙头老大”风光不再，转而成为电视业、音像业、网络游戏业的补充。而网络游戏等先前的无名小卒，则后来居上，异军突起，具备了势不可挡的领军气魄。当代信息产业也已不再是单纯的信息技术产业，而是信息技术与文化内容的交融汇合。以制造和经营内容为主的“内容产业”，不再仅仅局限在原先的电影、电视、报业等领域之内，新型的数字多媒体软件等内容产业，早已打破先前文化艺术固有的边界，横跨通讯、网络、娱乐、媒体及传统文化艺术的各个行业，进行了“除界域”的融合重铸过程。而数字电影、数字电视、数字报纸、数字刊物、数字艺术、数字游戏等一大批“非驴非马”的新型文化方式则展示了强大的生命力。以宽带为代表的新技术的广泛应用已风头日上，而依托于高技术的内容产业将占据经济发展的重要地位。宽带将促使内容产业在新世纪重排座次，高技术娱乐将成为新娱乐业的领头羊。日益普及的宽带网络和无线应用，使人们对内容的需求远远超过从前。

归结起来看，20 世纪至 21 世纪，随着技术沿着由硬件到软件到互联网再到文化（内容产业）的方向发展，产业链的核心价值也沿着由制造到信息到知识再到内容（文化）的链条转移。近来西方国家网络业步入低谷，内容产业浮出水面，标志着国际性产业升级运动开始了新一轮洗牌，传统文化产业与信息产业的产业链条融合重构即将完成。这一新型产业链条的上游，是文化遗产的数字化与文化内容的上载，下游是消费类信息技术产品的普及和信息文化娱乐产品的大规模市场推广，以及大众流行文化艺术符号在传统产业总的普遍应用，经济活动的“服务化”、“信息化”、“文化化”发展趋势愈加显现，现代经济越来越为“高技术和高文化附加值经济”所主导。因此说，文化产业正在成为 21 世纪知识经济产业的核心产业。

从文化产业本身的特征来看，已被广泛称为“创意产业”和“内容产业”。所谓创意，就是人的智力因素体现在社会经济活动中的创造性和创新性。在文化产品的生产、流通、分配和消费的全过程中，每一个环节都充满了人的智慧和创造力，而人的智慧和创造力则是根植于劳动者个体自身的知识积累，因而，文化产业是一个最能够体现知识经济时代特征的新兴产业。

文化产业在全球的兴起，植根于知识经济的时代背景，同时也将成为知识经济不断发展的重要支撑产业。知识经济在全球的风行，曾引起了不少国内外专家学者的担忧，认为知识经济绝不能凭空而来，也不能凭空而起，如果没有物质生产领域的发展，没有知识、智力、人才的积累，没有文化产业及相关产业的支撑，知识经济迟早要演变为“泡沫经济”而破裂。这些观点更加广泛地验证了文化产业与知识经济之间不可割裂的紧密关系，它们之间应当是一种相互依赖、相互促进、互为条件的辩证关系。

二、国内外对文化产业的界定

（一）国外理论界对文化产业的研究和界定

早期，在文化产品的工业化生产逐渐增多的情况下，德国法兰克福学派在20世纪40年代首次提出了“文化工业”理论，从艺术和哲学价值评判的双重角度，对“文化工业”予以否定。霍克海默和阿多诺合著了《启蒙的辩证法》，其中专门有一章题为“文化工业：作为大众欺骗的启蒙”，他们认为，文化工业受满足“大众”需要的商业力量所操纵，以娱乐消遣为目的，丧失了作为艺术本质的否定与超越精神，艺术技巧依赖于机械技术，作品内容和风格雷同，没有艺术价值。凭借对媒体的垄断，文化工业控制了大众日常生活直至内心意识，取消了个体的批判精神和否定意识，使之成为“单向度”的人，现代资本主义国家通过文化工业进行意识形态控制，巩固自身统治。很长时间内，法兰克福学派的观点在西方知识分子中得到了广泛认同，议题集中于文化商品的大众消费带来的文化的和社会的影响。

随着信息时代的出现和知识经济的兴起，文化产业迅速发展壮大，并且呈现出越来越强劲的势头。现在文化产业已经在许多国家成为支柱性产业。在过去20年间，文化商品的国际贸易额呈几何级数增长。随着经济的全球化，文化商品市场也越来越全球化了。在这样的形势下，法兰克福学派的理论越来越显出其局限性，很明显，这种理论已经不能够解释文化产业的丰富实践。大约从20世纪70年代前后开始，许多学者开始对文化产业进行较为系统深入的研究。西方关于文化产业的理论基本上是沿着两条线索展开的：一条线索是从英国伯明翰大学文化研究中心开始的“文化研究”中对大众文化和文化产业的研究，侧重于对文化产品中所包含的内容进行意识形态方面的探讨，注重研究文化产业的符号生产机制及符号生产的原则，所使用的概念多为哲学、政治学、文学话语，包括霸权、批判、解构、符号、编码、解码等，具有较强的理论思辨性；另一条线索是与各国文化产业实践、文化产业政策紧密结合在一起，直接从文化产业的实践中总结和生发出来的，侧重于对文化产业的生产、流通、传播过程等经济运作实际问题的理论探索，所用的概念多为经济学、社会学和管理学术语，如产业、版权、节目、就业、管理、生产、传播、贸易、市场、份额等。可以把前一类研究称为学院派理论，把后一类研究称为文化产业的应用理论研究。我国学术界已经充分注意到了这种变化和发展。文化研究中有关文化产业的一些理论，我国学术界最近以来已经有所涉及，但缺乏系统的梳理和总结；至于西方文化产业理论中的应用研究，我国学术界的相关研究基本上还没有能够同步进行，这就使我们的文化产业研究缺少了一个非常重要的参照系。

“文化产业”这个词容易引起争议。按照一些英国研究者的理解，“产业”一词相当宽泛，已经失去了与“工厂”和“制造”的联系，可以适用于任何生产相似产品的系列活动，因此就有了“护理产业”、“休闲产业”等说法。在20世纪80年代，英国大伦敦政务院第一次在引申意义上使用“文化产业”一词，作为一种修辞手段强调两点：首先，公共财政体系之外的那些文化活动和商业操作是财富和就业机会的重要创造者；其次，人们所消费的所有文化商品，诸如电视、广播、电影、音乐、图书、广告、音乐会等，大多数与公共财政体系无关。随后，“文化产业”概念逐渐被英国普遍接受，开始承认艺术与文化产业在经济和就业方面的影响。

1990年，英国媒体理论家尼古拉斯·伽纳姆提出，文化产业“运用了特有的生产方式和行业法人组织，来生产和传播符号，这些符号以文化商品和服务为形式，虽然不是一律作为商品”。后来，联合国教科文组织把文化产业定义为：“按照工业标准生产、再生产、储存以及分配文化产品和服务的一系列活动。”其实，文化产业的定义在过去几年中是一个争论激烈的话题，虽然人们对这一题目的兴趣很大，而且有增无减，但目前仍然没有真正理论上的突破，也提不出政策上的定型模型。这一情况反映出“文化产业”概念的不确定性，欧盟对于这个问题至今没有形成任何政策性文件，也可以说明这一点。然而，在英语中，“文化产业”概念越来越稳固了，这似乎有两个理由：首先，由“文化产业”概念所开创的政策空间是一个非常真实的空间，它涉及经济与文化的某种大规模转型，格局的变换迫切要求人们接受它；其次，这个词的运用表明了一个全球性的政策问题，表达着经济全球化所产生的一种要求。

在美国，一般认为所谓文化产业，是指通过工业化和商品化方式进行的文化产品和文化服务的生产、交换和传播。文化产业是生产文化产品和提供文化服务的行业，以满足人们的文化需求为主要目标。就行业范围而言，美国文化产业主要包括文化艺术业（含表演艺术、艺术博物馆）、影视业、图书业和音乐唱片业。英国对文化产业的界定比较宽泛，认为“那些出自个人的创造性、技能及智慧和通过对知识产权的开发生产可创造潜在财富和就业机会的活动”，统属文化产业。据此，包括出版、音乐、表演艺术、电影、电视和广播、软件、游戏软件、广告、建筑、设计、艺术品和古董交易市场、手工艺品以及时装在内的13种行业属于文化产业。英国文化产业的发展在整个国民经济中的地位越来越重要，政府部门、社会团体和组织、研究单位及商业机构对文化作为一种特殊产业的认识不断加深，促进了文化产业的更快发展。

加拿大联邦政府没有文化部，所有文化事务由遗产部管理。该部管辖范围为：广播、影视、音像、出版、体育、遗产、人权、表演艺术、视觉艺术、美术馆、图书馆、档案馆、博物馆、多元文化、国家公园、历史景点、官方语言、土著人文化及语言、国家庆典、志愿者行动等。前不久，遗产部在其职能框架中对加拿大的文化产业做了如下概述：文化产业包括以国家社会、经济及文化为主题的出版、广播、电影、电视、图书、杂志、音像等在内的印刷、生产、制作、广告及发行；包括表演艺术、视觉艺术、博物馆、图书馆、档案馆、书店、文具用品商店等在内的服务。最近，遗产部又在其中增加了信息网络、多媒体等内容。加拿大联邦统计局在年度统计时，除分门别类地对诸如电影、广播、图书出版等做单一的统计外，还将文化产业划分为文化产品和文化服务及知识产权两大类。其中，文化产品包括：报刊、杂志、图书、音像制品、视觉艺术品等；文化服务及知识产权包括：电影、广播、印刷出版、音乐、表演艺术等。随着科技的进步和世界新经济的发展，传统的文化产业与现代科技产业也在不断进行新的组合，文化产业的新形态还在不断涌现。

在亚洲，韩国政府制定的《文化艺术振兴法》明确规定：文化产业是指用产业手段制作、公演、展示和销售文化艺术及其用品，并以此为经营手段的事业。简言之，文化产业即同文化商品生产、分配、消费相关的产业。在日本，文化产业统称为娱乐观光业，并且已逐渐成为日本经济得以发展的一个重要支柱产业。

事实上，关于文化产业，许多研究者往往是从不同的角度切入，因此，他们对文化产业作出的基本定义也有所不同。

在商业的和法律的意义上，文化产业被一些人描述为“版权行业”。再生产日益成为产品设计的目的，在对同一产品进行成倍复制的同时，又可以加以“选萃”，以各种不同的形式，通过不同的方法来出售。版权行业的概念或许可以视为代表巨大既得利益的联盟，根据对于需求的理解来调节其产品的发行。而且，在像WTO这样的全球化组织内，版权行业的概念重新配置了文化生产，在那里，文化生产被称作“服务业”。这样，文化生产便置于WTO的治权之下，对于大规模的跨国媒体公司来说，WTO的作用就是最大限度地保护它们的版权和品牌。

在传输媒介的意义上，文化产业又被称为“内容产业”。简言之，即通过某条“粗管子”，譬如光纤宽带电缆，传输所有内容。消费者也许会是“上帝”，但对于发送的控制，仍然是真正权力的关键。因此，发送是极为重要的，所有国家的政府都在以国家信息基础设施的名义，建设光纤宽带电缆。媒介产业的生存能力不仅取决于商业“内容”创造，而且取决于通过众多平台、窗口和格式的发行发送，把“内容产业”理解为“新的生长产业”已是流行观点。但是，真正从产业的角度看，内容才是其经济效益的基础。主导性的内容产业是视听业：广播、电视、电影、录像和游戏。

在知识创新的意义上，文化产业还被誉为“创意产业”。正像在英国、欧洲大陆、新加坡和马来西亚那样，政府资助的信息技术创新已经证明，促进以知识创新为基础的文化产业与经济发展之间形成许多融合点和交叉点。“创意产业”概念就是这一发展战略的核心，它越来越多地被用来形容国民经济中运用“智力资本”的文化服务和文化产品的生产与流通部分。在这个意义上，“创意产业”被用来区别于传统的艺术部门，而特指通过知识产权产生巨大财富潜能的文化产业。

刚刚开始的21世纪提供了重新估价文化所扮演的角色的机会，文化生产、传播和消费的方式将越来越取决于技术创新和全球化市场，文化产业将成为一种可以提供就业、培训、税收和外汇的巨大产业。

（二）国内理论界对文化产业的研究和界定

在国内，随着市场经济体系逐步完善，国民经济持续发展，综合国力不断提高，我国的文化产业已经取得了可喜的进步。目前，文化经济一体化的发展趋势已经确立，抓住机遇发展文化产业，培育新的经济增长点，已经成为促进经济社会发展的必然要求。

实践的发展必然会引发理论上的探讨。20世纪90年代中后期，国内学术界也开始了对于文化产业的研究。随着中国加入世贸组织，学者们的目光普遍集中于有关“经济全球化趋势及中国加入 WTO 后对文化产业发展的机遇和挑战”等命题，对文化产业理论和政策问题的思考也逐渐引向深入。

《十六大报告辅导读本》提出：“文化产业是指从事文化产品生产和提供文化服务的经营性行业。文化产业一般是与公共文化事业相对应的概念。文化事业单位主要靠政府扶持、社会赞助，为公众提供公共文化服务；文化产业单位则主要面向市场，依法经营，自我积累，自我发展。文化产业是一个发展中的概念，其范围随着国家管理体制的改革和社会经济的发展而不断变化。从我国现实情况看，文化产业主要包括文艺演出业、影视业、音像业、文化娱乐业、文化旅游业、艺术培训业和艺术品业等。从国外情况看，文化产业的范围涵盖了文化艺术业、广播电视业、新闻出版业、信息网络服务业、教育业、旅游业、体育业、广告业、会展业、咨询业等。”

1996 年 12 月，《中共北京市委、北京市人民政府关于加快北京文化发展的若干意见》中提出：“在现阶段，北京的文化产业要着重开拓和发展书报刊出版发行业、影视业、音像业、演出业、展览业、广告业、文化娱乐业和文化旅游业，同时要大力推动现代信息业、电子出版业等具有前瞻性的现代文化产业。对由传统民俗形成的文化行业要给予足够重视”。

广东省统计局的《广东文化产业发展现状分析》提出：“文化产业是指从事文化产品生产和提供文化服务的经营性产业，即指从事物质文化产品的生产、流通和以文化为内涵的各种服务活动或部门的集合。”根据以上理解，同时考虑统计核算的简便和可操作性，他们从文化产业的生产、流通、服务三个环节来构造文化产业的行业结构。一是文化产品制造业，包括书报刊印刷业、记录媒介的复制、文化用品制造业、体育用品制造业、乐器及其他文娱用品制造业、玩具制造业、游艺器材制造业、其他文教体育用品制造业、工艺美术品制造业；二是文化产品批发零售贸易业，包括文化用品批发业、工艺美术品批发业、图书报刊批发业、文化体育用品零售业、图书报刊零售业、首饰零售业；三是文化服务业，包括园林绿化业、风景名胜区管理业、摄影及扩印业、旅游业、娱乐服务业、广告业、咨询服务业、计算机应用服务业、体育、教育、文化艺术业、广播电影电视业、社会科学研究。

有的专家认为，文化产业以生产和提供精神产品为主要活动，以满足人们的精神文化需要作为目标。从这个角度来讲，文化产业的内涵和外延是相当广泛的。比如旅游、教育业、文物复制、展览、销售、文物拍卖、收藏，还有图书业、报刊、音像影视等。也有专家认为，文化产业是生产文化产品，提供文化服务和发展文化资本市场的企业群体或事业群体。狭义的文化产业，是指版权产业，包括出版发行业、新闻业、广播影视业、网络服务业、广告业、计算机软件业、信息及数据服务业等。广义的文化产业，除了版权产业以外，还包括艺术创作业、艺术品制作业、演出业、娱乐业、文物业、教育业、体育业、旅游业等。而就所提供产品的性质而言，文化产业可以理解为向消费者提供精神产品或服务的行业；就其经济过程的性质而言，文化产业可以定义为“按照工业标准生产、再生产、储存以及分配文化产品和服务的一系列活动”。

把文化产业置于知识经济迅猛发展的当代世界背景下来看，近十年以来，文化产业已经发生了重大转变，越来越成为第三产业中最富现代意义、与高科技尤其数码技术发展结合最紧密的产业，并且越来越反过来影响和改变传统文化产业的面貌。现代文化产业实际上是一个巨大的“产业群”，《中国文化产业发展报告》

把文化娱乐、新闻出版、广播影视、音像、网络及计算机服务、旅游、教育等看做主体或核心行业，把文学、戏剧、音乐、美术、摄影、舞蹈、电影电视创作甚至工业与建筑设计以及艺术博览场馆、图书馆等看做正在争夺的前沿，把广告业和咨询业等看做成功开拓的边疆。

目前，我国对于文化产业应用理论的研究主要围绕以下几个问题展开：（1）关于转变观念的问题；（2）关于转变机制的问题；（3）发展文化产业与社会主义精神文明的关系；（4）发展文化产业与市场经济的关系；（5）WTO 与中国文化产业的发展；（6）关于文化产业自身的规律性探讨。应该说，我国的文化产业研究已经起步，研究成果也触及了有关文化产业的方方面面的问题，其中不乏真知灼见，但绝大多数成果还停留在对文化产业的现象描述及梳理的层面上，缺乏理论深度和系统性。尤其是对于我国文化产业管理体制和运行机制的一些深层次问题较少触及。

2004 年 3 月 29 日，国家统计局发出《关于印发〈文化及相关产业分类〉的通知》，首次从政府统计的角度对文化及相关产业进行了全面的界定。按照《文化及相关产业分类》的规定，文化及相关产业是指为社会公众提供文化、娱乐产品和服务的活动，以及与这些活动有关联的活动的集合。文化及相关产业的活动主要包括：（1）文化产品制作和销售活动；（2）文化传播服务；（3）文化休闲娱乐服务；（4）文化用品生产和销售活动；（5）文化设备生产和销售活动；（6）相关文化产品制作和销售活动。同时，《文化及相关产业分类》按照文化活动的重要性分为文化服务和相关文化服务两大部分；根据部门管理需要和文化活动的特点分为九个大类，即新闻服务，出版发行和版权服务，广播、电视、电影服务，文化艺术服务，网络文化服务，文化休闲娱乐服务，其他文化服务，文化用品、设备及相关文化产品的生产，文化用品、设备及相关文化产品的销售；依照产业链和上下层分类的关系分为24个中类；按文化及相关产业的具体活动类别分为80个小类。同时，把新闻服务、出版发行和版权服务、广播、电视、电影服务、文化艺术服务组合为文化产业核心层；把网络文化服务、文化休闲娱乐服务、其他文化服务组合为文化产业外围层；把文化用品、设备及相关文化产品的生产和文化用品、设备及相关文化产品的销售组合为相关文化产业层。

最后，还有必要提到一些中国台湾学者对于文化产业的研究。他们指出，文化产业的重要性包括：（1）文化产业具有高度的经济效益，包括增加就业机会；（2）文化产业已被证明是先进国家的经济利器，而不只是所谓的高科技产业；（3）文化产业对应于人类的感性消费，常比实体产业更能给人们提供幸福感；（4）文化产业与一个国家的生活品质息息相关，而生活品质常影响一个国家的形象，因此文化产业的重要性不只是经济意义；（5）文化产业对自我群体的叙述常能提高一个国家的影响力，没有文化产业，一个国家将缺乏自我发声的机会；（6）透过文化产业，能使许多原本艰深的艺术得到更多人的喜爱，虽然有时也可能丧失原本的艺术精神，但大体来说，这是“文化的民主化”。台湾学者把文化产业分为三个大类：（1）纯粹是文化的产业和产品，如电影、书籍、绘画；（2）结合民族文化的特殊性及其产品实体的产业，这种产业并不确定，纯粹看产品本身是否富有高度的特殊文化象征内涵，如法国香水、化妆品，此类“国家文化形象”塑造来自长期的积累；（3）并不诉诸文化的特殊性，但却以文化作为一种经营诉求的特质，如麦当劳、汉堡包等。此外，他们也特别提到，旅游观光产业应在文化产业里占有一席重要地位。

第二章

文化力与文化生产力

文化是一种重要的社会生产力，在经济和文化日益交融发展的今天，文化经济正在以全新的面貌推动新型经济的发展，文化生产力在经济社会发展中的独特地位和作用进一步凸显，其最直接的表现就在于文化产业在全球范围内的风起云涌。

当今社会，随着科技的发展，人类的进步，以及人类消费取向的转变，使文化在经济社会发展中的地位和作用越来越突出，文化深深地融铸于社会生产力之中，影响着社会发展的方方面面，成为经济社会发展的强劲助推器，一种新的经济形态——文化经济由此应运而生。放眼世界，文化经济已经形成燎原之势，成为世界各国尤其是发达国家发展的主流。文化经济为何能够如此蓬勃发展，究其原因是文化力及文化生产力焕发出了前所未有的活力。换言之，文化力及其衍生而来的文化生产力是文化经济的现实立足点。对于文化经济，国内外很多专家学者已进行了大量卓有成效的研究。在文化经济的背景下，深入探讨文化力及文化生产力的特点、内涵及其表现，以及如何解放和发展文化生产力，显得格外重要。

一、文化力的特征及表现形式

如何理解和认识文化力，这是我们进一步认识文化生产力的前提和基础。从一般意义上，我们可以简单地认为，文化力即是人类创造的文化凝结在人类活动当中而产生的一种力量，更简单地说就是文化的力量。文化力表现出以下几个主要特点：

文化力具有伴随着人类社会始终的恒久性。文化力作为一个明确的概念，是近年来随着文化作用的突显而逐渐被人们所认识。但如果我们从历史的角度来考察，文化力其实自古有之，它从人类社会产生伊始便已客观地存在。人类社会的每一点进步，都离不开人类改造世界的追求以及对满足自身需求包括精神文化需求的追求。文化是这个追求过程的产物，并随着这个过程发展演化，同时又支配和影响着这个追求过程，显示出文化力的作用。只要人类社会的活动一日不停息，文化力就一日不消逝。可以说，文化力是一个永恒的命题。当然，文化力作用发挥具有极强的不确定性，总是受到经济、社会、政治甚至文化的等许多主客观条件的推动或制约，在某一历史阶段可能表现得充分一些，在另一历史阶段可能又表现得微薄一些。但可以肯定的一点是，在文化繁荣发展时期，一定是文化力充分涌流的时期。

文化力具有无所不在的普遍性。文化是人类活动的产物，无论这种活动是自觉的，还是自发的。文化的形成、发生、发展、变化与人类社会的进步演化一样，都是一个自然的历史过程。文化广泛地影响着人类的精神世界、物质世界以及自然界，深深渗透并作用于人们的经济行为、政治行为、军事行为、文化行为，甚至于人的个性和习惯。从个人到家庭，从族群到区域，从地区到国家，文化力都在发挥着或大或小、或积极或消极的作用。

文化力具有一定的延迟性。文化的形成是一个渐进的过程，而文化力作用的发挥同样是一个渐进的过程。文化力作为一种力量，究其本质，它不是一种直接作用的力，其显现及发挥必然要通过一定的载体或媒介。要么是附着于人们的思想观念或是精神理念上，要么是物化在一定的物质产品或精神产品上。只有通过精神的或者物质的载体，文化力才有了真实的存在。因此，当文化力几经转化后，其作用的发挥在时间上就必然有一个延迟的过程。也就是说，文化力并不是那种立竿见影式的显在力量，不可能由人们随心所欲地控制和主宰，多少有一些看得见摸不着的意味在里面。这也正是千百年来人们对文化力认识一直较为模糊的根本原因之一。也正因为如此，人们一直无法像对其他物质力一样对文化力进行定量的评估及分析。

文化力具有积极与消极并存的两重性。从一般意义上而言，文化力对于社会进步发展是具有积极作用的。但当我们谈到文化力的时候，不能只看到文化力对社会发展的积极推动作用，同时要看到在一定历史条件下某种文化力对社会发展的消极阻碍作用。一种特定的文化力，有其产生的历史背景、人文背景、政治背景等等，其作用的发挥在很大程度上是与这些背景紧密相关的，也受制于来自外界特别是统治阶级的主观力量。当其产生背景及主导的主观意愿与社会前进步伐、社会伦理道德相一致时，文化力往往表现出其积极的一方面，反之则表现出消极的一面。积极的文化力可起到推动和促进社会发展的作用，例如欧洲文化史上的“文艺复兴”和“启蒙运动”、我国文化史上的“百家争鸣”、“五四新文化运动”等；消极的文化力可起到阻碍和破坏社会发展的作用，例如我国文化史上的“焚书坑儒”和“文字狱”等等。在现今这个文化经济日益壮大，文化产品生产日益丰富的时代，文化力同样也显现出其消极的一面。如文化市场上的一些非法出版物、一些不法文化经营活动甚至部分电影电视剧，生产经营者为了满足追逐暴利的私欲，打着文化的旗号，行着逆人类前进轨迹之实，大肆渲染色情、暴力行为及其他为社会大众所耻的行为，给社会稳定及社会公德建设带来了极大的隐忧，对人类进步形成了一种破坏性的力量。尽管我们可以把其称之为伪文化，但这同样是文化力消极作用的体现。综观人类社会发展的历史，我们可以发现在所有的社会形态中，都无可避免地会出现某种消极文化力，它直接或间接地对社会发展产生副作用。因此，我们应该站在人类社会进步的高度，把握人类社会前进趋势，引导和焕发积极文化力，抑制消极文化力。

尽管文化力表现出了积极与消极并存的两重性，但其积极力量是主流，是矛盾的主要方面。因此，当我们探讨文化力对于社会发展的作用时，主要是看它的积极推动作用。综合分析来看，文化力的积极作用主要表现在以下几个方面：

文化力对经济发展的推动。如前所述，文化总是与人类活动如影相随的，它总是无孔不入地渗透于或附着在人类一切活动之中。从这个意义上来说，作为人类最主要的活动经济活动而言，与文化有着不可割裂的天然渊源。很多学者都指出过，世上从来没有单纯的不包含文化因素的经济。无论是农业经济、工业经济还是知识经济，任何一种经济形态，如果没有了文化内核，都会失去存在的理由，是无法想象的。具体地说，文化力对于经济发展的贡献在于：一是为经济发展提供精神动力。文化力借助于言传身教、耳濡目染等方式，把文化内化为个人的言行，形成思想道德、价值观念及个性品格等等，为经济发展塑造合格的主体，从而把文化力转化社会主体的精神力量，推动经济的发展；二是为经济发展提供行为规范。文化力促使人们形成礼义规范、团结精神、诚信意识、和谐理念等，规范人们的经济行为，使人们遵守经济发展的基本准则以及相应的法律法规，进而保证经济发展沿着规范的轨迹运行；三是优化经济发展环境。在文化力作用下形成的良好文化环境，是一种无形的资源，能够极大地吸引人才、投资等，成为推动经济发展的强大动力；四是推动经济增长方式的变革。人类社会经历了以土地为财富的农业经济时代、以机器为财富的工业经济时代之后，目前已进入到以知识、文化、智力为财富的创意经济时代，经济的增长不再以占有物质财富为唯一标准。每一次经济增长方式的转变，可以说都与文化力的推动密切相关；五是提升物质产品的品质及附加值。诸多事实已经证明，文化含量已经成为物质产品价值的重要构成，尤其在当今文化广泛融入包括物质生产在内的一切人类活动的时代，文化因素或者说文化力因素已变为物质产品品质的主导性甚至是决定性力量。

一个产品的文化含量越高，其品质及附加值就越高；六是文化力本身成为经济增长的要素。目前，建立在文化力基础上的文化经济和文化产业，已经深刻地把文化的固有市场和产业属性充分地挖掘出来。文化已经成为一种劳动对象、生产对象。文化通过生产环节，已经无可辩驳地转化为文化产品、文化服务，通过交换、消费环节转化为实实在在的财富。当我们再来审视 GDP 这个衡量经济增长的重要指标时，就会发现其结构已经较过去发生了诸多的转变。撇开美国、英国、日本、法国、韩国等文化产业发达国家不说，在我国的不少省区市，文化产业增加值占全部 GDP 的比重已超过了 5%，成为事实上的支柱产业和经济增长点。即使从传统经济增长的角度来说，文化力本身也已成了经济增长的一个组成部分。从这个意义上，我们可以说，文化力不再是一种羞羞答答的“软实力”，而是一种有着充分“硬实力”特征的经济力。

文化力对政治发展的推动。也许人们在理解文化与经济相融关系时还会有一定的模糊，但在理解文化与政治的紧密联系时一定不会有任何的疑问。相对而言，文化力对政治发展的作用比对经济发展的作用来得更为直接，也更加深刻，同时其发挥作用的主观意愿性也更加强烈。从古至今，文化与政治总是相生相伴、相辅相成。毛泽东同志在《新民主主义论》中就提出过“一定的文化是一定社会的政治和经济在观念形态上的反映”① 的著名论断。任何一种主流文化，都是某一历史阶段的统治阶级或统治者为维护统治地位、达到某种政治目的、对人民实施精神控制而极力推崇或主导的产物，是社会上层建筑的核心组成部分。如我国历史上汉武帝时期实行的“罢黜百家，独尊儒术”的文化政策，

① 《毛泽东选集》第二卷，人民出版社 1991 年版，第 694 页。

便成为我国两千多年来历代封建王朝统治最重要的统治思想基础，也成为维系我国历史上长期封建帝制稳定的文化基础。强大的政治功能，使文化被打上了深深的政治烙印，成为政治的附属物。正因为如此，文化、文化力的政治属性、意识形态属性被长期反复地加以极端的强调，使文化其他的内在属性如商品属性等被无情抹杀，抑制了文化产业的发展。当我们把文化的产业属性、商品属性从政治阴影中解放出来，大力发展文化产业的时候，我们会更加发现文化的政治功能是如此的强大。所以，即便是发展文化产业，也不能忽略文化力的政治推动作用。我们看到，诸如美国这样的文化产业大国，他们在通过输出文化产品赚取大把钞票时，也没有忘记政治目的，而是不失时机地把自己的政治理念、价值观念、思想道德连同文化产品一并输送了出去，意图通过文化来达到统治和控制世界的目的。对于文化弱势国家而言，这是一种非常可怕的文化力。

文化力对文化发展的推动。一种文化的生成与发展，有着其内部的动因，也有外部的推动作用，是一种社会矛盾运动。文化力作为文化的一种内在力量，是文化作用的合理显现，甚至也可以说是文化的内核。从文化力自身而言，无论这种力量是消极的还是积极，对文化的发展起着较大的内驱和调适作用，能够不断调整文化的发展方向、发展轨迹，并产生一种内在的驱动力。当然，一般而言，消极的文化产生消极的文化力，积极的文化产生积极的文化力。消极文化力会驱动着某种消极的文化不断走向极端，直至衰退甚至灭绝；而积极文化力则驱动积极文化不断自我完善，走向进步。此外，文化力会化为文化发展主体——个体人或族群的主观意愿，推动文化的建设和发展。而文化力通过文化生产转化为文化产品或文化服务之后，并通过文化产业的广泛传播，以物质或精神的形式加快文化的普及和传播，传承文化理念，保护濒危文化，加强文化的对外交流，最终促使文化的繁荣发展。

文化力对地区综合竞争力的提升。在文化经济、知识经济时代，文化力成为综合国力、地区综合竞争力的重要组成部分已是一个毋庸置疑的不争事实。美国前助理国防部长、哈佛大学肯尼迪政治学院院长约瑟夫·奈早在上世纪 90 年代初期便有针对性地提出了软权力理论，他把文化力、意识形态及社会制度等作为无形的"软权力"与经济实力、军事实力、科技实力以及资源潜力等"硬权力"并列，并指出在一定意义上，"软权力"在国家间竞争之中的作用甚至比"硬权力"更为重要。其实，这种"软"、"硬"之分是相对的，并且更多的是针对其作用的发挥形式而言。就其发挥的作用本身来说，应该是没有"软"、"硬"之别的。即便是顺着强权政治的思维逻辑，我们也能够轻易地得出这样一个结论：征服一个人的思想，远比征服一个人的肉体来得重要。因此，我们在看待文化力对国家或地区综合竞争力的提升作用时，完全没有必要再遮遮掩掩、羞羞答答。文化力对国家或地区综合竞争力的提升具体表现为：文化力对个体人的塑造。文化力通过潜移默化、润物无声的影响和作用，全面提高人的文化素质、道德操守、理想信念，造就大批高素质人才，为增强综合竞争力提供人才和智力支撑；文化力对国家或地区整体形象的塑造。文化所表现出来的强大的渗透力、影响力及扩张力，使文化的作用远远超出了文化发展本身，形成一种综合性的力量，使一个国家、一个地区的人民以高昂的精神状态投入建设，加速国家或地区鲜明形象的树立。从传播的角度来说，文化的传播速度远远高于经济、政治等其他因素的传播速度，使一个国家或地区的文化形象能够迅速地被外界所认知，从而提高国家或地区的美誉度和知名度，形成强大的对外吸引力并转化为竞争力；文化力对民族精神和区域精神的塑造。文化力通过对人民大众的文化熏陶，演化形成共同的民族精神或地区精神，并化作强大的民族或地区精神凝聚力量，推动经济社会发展；文化力直接转化为经济力，成为综合竞争力的有机组成部分，这一点在前面我们已有所论述，在此不再赘述。正因为文化力对综合竞争力具有全面的提升作用，我国大部分省市区已确立了建设文化大省、文化强省的发展目标。而世界上很多国家和城市也把文化融入了发展目标之中。如韩国提出了《文化强国2010培育战略》，决定将文化产业、观光产业和休闲体育产业培育成国家增长动力；新加坡提出的发展目标是"21世纪的文艺复兴城市"；伦敦市提出要维护和增强伦敦作为"世界卓越的创意和文化中心"的声誉，成为世界级文化城市；纽约市提出"促进和保持纽约文化的可持续发展，提高对经济活力的贡献度"等等。

二、文化生产力是社会生产力的重要构成

目前，很多学者在研究中都倾向于把文化力与文化生产力等同起来。事实上，文化力与文化生产力虽然有其内在的必然联系，但其内涵和外延并不完全一致。只有当文化力融入生产消费过程之中，文化力才具备了生产力的特质。因此，在考察了文化力的特点及表现之后，我们有必要对文化生产力进行分析和阐述。文化力经过与经济力、科技力的相互融合、相互渗透，才形成了具有崭新功能的文化生产力。我们所说的文化生产力，既指渗透于物质生产力中的科技、文化因素，也指具有相对独立形态的精神生产力。即：文化生产力就是经济和文化及其相互融合发展到一定阶段的产物。它指的是创作和制造文化产品及提供文化服务的

社会能力，是社会生产力的重要组成部分。文化产品生产中的智力投入和物质投入，具备社会生产力诸要素的基本特征。文化产品的生产，形成物质形态的生产过程，与其他产品的生产一道，共同构成社会生产力的发展过程。文化生产力有以下几个主要特征：

一是文化内容主导。迄今为止，人类社会经历了农业经济、工业经济和知识经济的文明发展阶段，文化经济的迅猛崛起，标志着人类社会新阶段的来临。在人类文明不同发展阶段，起核心作用的生产力要素是不一样的：农业经济阶段是自然力，工业经济阶段是资本和机器，文化经济阶段则是人文精神和知识、技术的有机结合。作为文化经济的基础立足点，文化生产力的核心要素包括人的智力、科学、生产管理、劳动组织、文化资源等。更为关键的是，文化生产力的构成主要不在于外在的实体，而在于内在要素，是一种以文化内容为主导的社会生产力。

二是人文精神彰现。如果说知识经济是建立在知识和信息的生产、分配和使用基础上的经济，核心是突出知识、技术在经济增长中的价值的话；那么，文化经济则是对知识经济内涵的扩大和深化。文化经济内在包含了知识经济，并在经济系统中充满了文化因素。文化生产力内容构成不仅有科学、技术等智力因素，还有理想信念、价值观念、文化艺术、娱乐休闲等精神因素，不仅包含科学精神，还体现人文精神，是科学精神与人文精神的有机统一。尤其突出了人文精神、观念文化作为生产力要素的价值。随着文化生产力的发展，人文精神在经济发展中的作用、在社会生产方式中的彰现将日益突出，竞争的意义也从单纯的市场经济角度融入复杂的人文背景和文化选择，在经济发展的过程中扮演着日益重要的作用。

三是强调不同文化间的差异性以及不断融合的趋势。文化生产力在经济的发展进程中起着不可忽视的作用，文化经济的发展更是以文化生产力作为立足基础。在文化生产力的发展过程中，体现出两方面的趋势：一方面，文化作为重要的生产要素，必须强调它在整个市场上的独特性，强调不同文化间的差异性，以求得不同文化所蕴含的生产力的最大发展；另一方面，在文化生产力发展过程中必须不断调适文化对于市场需求的适应性。这样就会使不同的文化在市场条件下、在保持和发扬自己独特性的基础上，趋同于市场经济的要求。

四是突出“以人为本”。文化生产力的内涵和外延本身就体现了以人为本的发展观，代表了经济社会发展的可持续性：生产力中文化要素（知识、技术、文化理念等）的增多，意味着经济增长方式质的转变；精神产品生产和消费的增加，意味着物质资源消耗的减少；人文价值取向渗透到经济发展之中，意味着人与社会、人与自然关系的全面进步；人文素质和科学素质相融合，意味着劳动者素质的全面发展；对文化资源的开发和利用，意味着人类资源观的根本性转变等等。从人与自然和谐发展的意义上说，发展文化生产力，就把强调“以人为本”和“可持续发展”的科学发展观真正地落到了实处。物质生产力有一个无法回避的内在缺陷，即按照传统定义，物质生产力在强调人类改造和征服自然的能力时，隐含着可以对自然界进行无限度索取的假设，把人与自然对立起来，这与人类社会强调科学发展观、强调可持续发展的发展趋势是相悖的。文化生产力强调的人与自然和谐发展的关系，与人类社会发展进步方向是一致的，在很大程度上弥补和调适了物质生产力这一缺陷。因此，我们可以说，文化生产力不仅是社会生产力的重要组成部分，而且应该成为社会生产力的主导力量。

从国际上看，20世纪80年代以来，文化与发展日益引起世界各国的普遍关注。世界经济的全球化，高新科学技术特别是信息与媒体技术的发展，使人们不得不对文化的发展投以极大的关注。越来越多的国家和民族认识到文化对于当代社会经济生活的巨大影响和制约。世界各国普遍关注文化在人类发展中的极其重要的作用。他们认为，经济的发展是一个民族的文化的一部分，而脱离人或文化背景的发展是一种没有灵魂的发展。人类的发展不仅包括得到商品和服务，而且还包括过上充实的、满意的、有价值的和值得珍惜的共同生活，使整个人类的生活多姿多彩。因此，文化作为发展的手段尽管很重要，但它最终不能降到只作为经济发展的手段或促进者这样一个次要的地位，发展与经济是一个民族的文化的组成部分，发展是一种对个人和集体产生强大的思想和精神影响的现象。1998年，联合国教科文组织在斯德哥尔摩召开了“文化政策促进发展”政府间会议。在这个会议上，提出了一份《文化政策促进发展行动计划》供大会讨论通过。这份《计划》指出，“发展可以最终以文化概念来定义，文化的繁荣是发展的最高目标。”“文化的创造性是人类进步的源泉。文化多样性是人类最宝贵的财富，对发展是至关重要的。”因此，“文化政策是发展政策的基本组成部分”，“未来世纪的文化政策必须面向和更加适应新的飞速发展的需要”。无疑，未来世界的竞争将是文化生产力的竞争，文化生产力的发展已成为21世纪最核心的话题之一。

党的十六届四中全会通过的《中共中央关于加强党的执政能力建设的决定》，描绘了中国未来发展的走势，并首次以中央文件形式肯定并阐述了“文化生产力”概念：“深化文化体制改革，解放和发展文化生产力。根据社会主义精神文明建设的特点和规律，适应社会主义市场经济的要求，进一步革除制约文化发展的体制性障碍。”不仅在海内外引起了广泛的关注，而且为发展文化经济提供了坚实的理论基础和政策思路。

从历史发展看：人类的生产活动，是人借助生产资料和工具，借助一定的技术和思维能力，在与劳动对象的结合中进行的，没有生产力的生产是不存在的。文化也是生产力，它合理地内含着这一当代世界的第一生产力。我国当代文化经济的生产作为国民经济的一个部分，也必然具有一种内在的生产力，它维系着推动着当代文化——经济活动的进行。马克思在写《哲学的贫困》时，也把人类“文明的果实”称做“已经获得的生产力”①。“文明的果实”自然包括文化生产力的成果。很显然，马克思以人类文明的成果为所指的生产力观念是一种大生产力观念。马克思到晚年写作《巴枯宁〈国家制度和无政府状态〉一书摘要》时更明确地提出了“两种生产力”的概念：“……平原和山区的差别，沿河流域、气候、土壤、煤、铁、已经获得的生产力（物质方面和精神方面的）、语言、文学、技术能力等等”②。从人类社会发展的历史来看，随着社会分工的日益精细，社会生产便日益明显地区分为物质生产与精神生产两大部分。社会分工促成了物质生产者与精神生产者的分化，两种生产力因而在自身相对独立的发展中逐步形成了具有自身内在特征的生产力形态。物质生产力主要面对人同自然的物质关系，具有实用的、基础的、物质形态的主导品格；而文化生产力则主要是“精神方面的生产力”，包括语言、文学、管理、技术能力等，更偏重于人类社会人文关系的特征和品格。

---

① 《马克思恩格斯选集》第1卷，人民出版社1995年版，第152页。
② 《马克思恩格斯全集》第18卷，人民出版社1964年版，第682页。

文化生产同其他生产一样，也具有一般实践活动的特征，即由实践主体通过劳动，将一定的材料加工改造为新的存在物，因此文化生产的过程也表现为一个物化的过程。它也要改变物质的现实形态，获得物质的存在形式。因此，文化生产力的问题是由来已久的。

从国际背景看：进入 21 世纪以来，经济文化化与文化经济化共生，文化与经济共生互动，经济的文化含量日益提高，文化的经济功能不断增强，成为市场经济发展的基本趋势。一方面，经济的发展对文化的发展产生着巨大的推动作用。另一方面，文化不断地向经济和生产活动渗透，给经济的发展提供了强大的智力支持和精神动力。文化决定着资源的开发、组合，决定着经济增长和社会进步的速度，检验着经济增长和社会发展的合理性，推动着先进价值体系的形成，影响着经济、政治体制和策略的供应，协调着市场和环境的结合与互动，以及人才素质的提高。对经济社会的发展来说，文化的内在驱动力比经济力、政治力具有更强大的牵引力。

总之，任何时代的社会生产力都是人类用以影响和改造自然的物质力量和精神力量的综合。生产力中的物质因素即人类改造自然的现实物质生产力（主要表现为实际的技术手段）；生产力中的精神因素则指人类对自然的认识和理解，既包括科学理论，也包括代代积淀的人类文化。物质生产力作为人类对自然界认识的物化，必然渗透着科学文化因素；一旦离开科学、文化因素（不管是原始形态的科学、文化还是高度发达的现代科学、文化），任何自然物质力都不可能为人类所控制和利用。渗透于物质生产力中的科学、文化因素的比例，随着生产力水平的提高而提高。随着现代生产力由传统的“物质要素主导型”转向“智力要素主导型”，凝聚在物质生产力中的知识、科技、管理等文化因素，也由辅助地位上升到主导地位。从某种意义上说，现代生产力既是一种物质力量，也是一种文化力量。在现代化的先进生产力中，这种文化因素体现得更为充分，文化生产力的重要性更加不言而喻。

三、解放和发展文化生产力的几个问题

改革开放以来，随着中国特色社会主义理论的形成和发展，我党对文化建设的认识不断加深，党的十四届六中全会提出了文化属于综合国力的新判断；党的十六大提出了党要体现中国先进文化前进方向，发展文化事业和文化产业，推动文化创新的历史任务；党的十六届四中全会提出了大力发展文化生产力，加强发展先进文化能力建设的战略要求；2005 年，党中央、国务院又发出了关于深化文化体制改革的文件，对解放和发展文化生产力作出了全面部署；党的十七大提出，“在时代的高起点上推动文化内容形式、体制机制、传播手段创新，解放和发展文化生产力，是繁荣文化的必由之路”。这充分表明，我们党对中国特色社会主义建设总体布局的认识达到了新高度，对发展社会主义先进文化的意义和途径的认识达到了新高度，对社会主义市场经济条件下文化建设规律的认识达到了新高度。如何快速有效地解放和发展文化生产力，推动文化经济的全面发展，关乎着经济社会能否实现可持续发展目标的问题，关乎着能否在国际竞争中、地区间竞争中立于不败之地的问题，应该成为当前发展的一个关键。

在文化经济迅猛发展的条件下，文化生产表现出以下几个趋势：

1．文化生产过程中市场配置资源的基础性作用日益突出。一般意义上，市场是优化配置资源的最有效手段，因为瞬息万变的

市场对于资源的流向有着极为敏锐的影响力。在我国过去的计划经济体制下，文化资源几乎都掌握在国家手中，政府对文化资源的控制、调节也几乎是通过行政手段来完成的，也就是说是一种行政权力分配资源、使用资源的模式。随着社会主义市场经济体制的逐步建立和完善，政府对文化资源的控制力逐渐减弱，社会力量的参与程度越来越高，市场配置文化资源的基础性作用日益发挥出来。作为在市场经济背景下出现的文化经济，要获得长足发展，最首要的必须是确立市场在文化资源配置中的基础性地位和作用。值得注意的是，目前我国文化工作所涉及的资源配置，主要局限于国有资源范围内，对国有体制外的民营、私营、中外合资和外资背景的各项资源涉及较少，我们在充分发挥市场配置资源的作用的前提下，应当进一步完善市场机制，充分利用好国有体制外的各种文化资源。

2. 企业成为文化生产的主体。长期以来，我国实行的是传统的计划经济体制，国家管理经济社会发展的权力高度集中，政府是经济发展的主体，企业成为政府行政部门的附属。改革开放以来，传统的计划经济体制被逐步打破，崭新的社会主义市场经济体制得以逐步建立和完善。但在文化建设领域，由于其本身所具备的强烈的意识形态属性，使我国的文化体制改革工作一直滞后于经济体制改革。而随着文化经济的兴起，以及文化产业的快速发展，文化体制改革的深化被历史地摆上了党和国家的重要议事日程，一场空前的体制变革正在文化建设领域广泛深入地展开。其最为根本的是，经营性的文化产业和公益性的文化事业得以明确划分，政府管理文化的职能得以转变。在发展文化经济的主导领域——文化产业发展领域，自主经营、自负盈亏、自我约束、自我发展的多种所有制的企业逐渐开始充当主力军的角色，使文化经济本身固有的发展规律得以体现。国有文化企事业单位正在按照中央的部署和要求，开始进行改革改制，具有经营功能的文化企事业单位逐步完成改制工作，建立起现代企业制度。公益色彩浓厚的文化事业单位也在不断创新运行机制，在管理和运作上逐渐引入了市场机制或准市场机制。在加快文化经济发展的要求下，文化企业将发挥出更加活跃和重要的作用。

3. 文化的商品属性充分凸显。在传统计划体制下，我们一味地强调了文化的意识形态属性，忽视或忽略了文化的商品属性，这在一定程度上是有悖于文化发展规律的。其认识根源就在于，似乎文化是意识形态的东西，是上层建筑，是不容商品化的。而文化经济的发展，文化体制改革的深化，首先就必须破除这种偏颇的认识。党的十六大也明确提出，一切妨碍发展的思想观念都要坚决冲破，一切束缚发展的做法和规定都要坚决改变，一切影响发展的体制弊端都要坚决革除。并明确区分了文化产业和文化事业，明确了文化既有意识形态属性，同时又具有商品属性、经济属性、产业属性。文化产品及服务不同于普通的产品和服务，它们既承担着宣传教化、提高人民群众文化素质的重任，又承担着满足人民群众不断增长的精神文化消费需求的功能。随着人们可支配收入和闲暇时间的增加，人们的精神文化消费需求日趋多样化和个性化，而仅靠政府提供的公共文化产品和服务，已远远满足不了这种需要。个性化的文化产品和服务，必须以商品的形式提供，使文化的商品属性得到彰显。必须认识到，一项文化产品或服务，如果抹杀了其商品属性，如果脱离了实际，脱离了市场，不被广大人民群众所接受直至消费，其本身承载的东西（无论是意识形态的宣传教化功能，还是满足个性化需求的商业功能）再多，也没有任何意义，因为它丧失了接受对象。因此，在文化经济发展的前提下，文化生产单位必须增强市场意识、质量意识和竞争意识，尽力推出为人民群众喜闻乐见、适销对路的文化产品，增强市场号召力，在充分显现文化商品属性的同时，把其意识形态属性体现出来。

4. 文化项目运作逐步商业化。文化项目的运作不再是只重投入、不重产出的政府行为，而将逐步转变为符合市场需求的商业化运作行为。商业化运作可以在制度上有效地杜绝以权谋私和腐败现象的产生，有效地节约和充分利用国家的文化资源，以最小的投入追求最大的产出。

5、文化市场发展理性化。文化市场不是万能的，需要政府引导，来实现理性化的发展。有些领域和部门不直接和文化市场的趋利需求紧密联系，在市场运行中的盈利性不大，但却肩负文化建设的历史重任，具有突出的、重要的公益性，比如：高雅文化、传统文化、意识形态等，需要政府利用宏观调控的手段来加大投入力度，进行扶持①。

为了大力解放和发展文化生产力，为文化经济的发展构建强大的物质基础和现实基础，必须把握住以下几个关键问题：

一是要树立新的文化发展观，强化全民的文化生产力意识，力求在观念上形成突破。物质生产力、文化生产力，都是生产力的重要组成部分。在重视物质生产力发展的同时，必须高度重视文化生产力的发展，把工作重心真正转移到“科教兴国”、“文化立国”的轨道上来，在全社会形成重视文化生产力发展的浓烈氛围。应该认识到，解放和发展文化生产力，体现了以人为本的科

---

① 参见文化部对外文化联络局余建：《浅析文化经济与文化工作》，http://youth.ccnt.com.cn。

学发展观的本质要求。不仅满足人们不断增长的物质需求，同时也满足人们不断增长的精神文化需求，实现人的全面发展，充分激活人的发展潜能与创造精神，已经科学合理地内化于文化生产力的发展之中，也是文化生产力的发展要求。解放和发展文化生产力，体现了科学发展观关于实现全面协调可持续发展的基本要求。解放和发展文化生产力的过程，是推动文化经济化和经济文化化的过程，在推动文化生产、文化消费、文化贸易、文化服务的大规模发展的同时，自觉在经济活动和物质产品中注入文化内涵，使经济发展不仅实现量上的持续扩张，而且实现质上的飞跃提升，走上一条人性化、效益高、消耗低、污染少的可持续发展的良性轨道。

二是不断深化文化体制改革，解除文化生产力发展的体制禁锢。当前，由于认识的滞后性和体制的复杂敏感性等原因，使我国文化生产方式与文化管理体制还存在着诸多的弊端，与文化生产力的发展要求明显不适应，与市场经济体制的全面确立明显不适应，与政治文明的发展明显不适应，为此，必须紧紧抓住文化体制改革这个中心环节，为文化生产力开辟广阔的发展空间。文化体制改革是一个系统工程，涉及面广，工作千头万绪，关键是抓住关键环节，找准改革的着力点和切入点。构建政策法规体系是文化体制改革的前提，推进机构改革与职能转变是文化体制改革的核心内容，塑造文化市场的竞争主体是文化体制改革的关键，拓展资本市场是文化体制改革的催化剂。

三是大力发展文化产业。文化产业挖掘了文化的经济潜能，影响着文化体制改革的进程，成为发展文化生产力的不竭动力。文化产业的出现，使得文化不再只是一种文化活动，它同时也是一种经济活动，文化体制改革与经济体制改革由此形成了相当程度的通约性。这就意味着文化体制改革可以借鉴经济体制改革的成果，包括经济体制改革的理念、手段，奋力追赶这个改革的时代。近年来，文化产业发展的许多良方都来自经济界，经济体制改革的“金针”已经被“渡与”文化体制改革。不言而喻，文化不能完全等同于经济，文化体制改革不能简单地照搬所有经济体制改革的经验，发展文化产业同样也不能完全照搬发展其他经济产业的经验。文化产业发展有着自身独特的规律，一方面要注重与其他经济产业在许多方面出现的交叉和叠合现象，遵循一般经济发展规律。另一方面，还要从文化发展的角度遵循文化发展规律。文化产业直接地提出了文化生产关系适应文化生产力要求的问题，成为文化体制改革的重要推动力，也成为解放和发展文化生产力最直接、最有效的途径。文化产业的出现，开发了文化的商品价值，也开发了一个新的生产领域和经济领域，包含着文化因子和经济因子的文化生产力，如同春雷初动，显示出旺盛的生命力。作为新的经济高地，社会资本也表现出进入文化产业的积极性。在大力发展文化产业的同时，还要大力推进公益性的文化事业建设。文化产业和文化事业是文化建设之双翼。文化事业的发展，同样蕴含着文化生产力的解放和发展。文化事业建设也存在文化生产、交换和消费过程。

四是造就大批文化人才。人才和智力是文化生产力最重要的要素，要加快其发展步伐，必须有高素质的人力资源来支撑，造就大批的文化人才。重视对知识的投入，使知识在财富增长中所占比重大幅度增加。牢固树立“人才是第一资源”的观念，高度重视人才对于推动文化生产力发展的巨大作用，焕发人才活力，让人才创造力充分涌流。牢固树立科学的人才观，强化“人人皆才”的意识，善于发现身边的人才，不求全责备，不要让人才身上的某些缺点和毛病遮挡我们发现人才的视线。要为人才的脱颖而出、成长以及发挥作用创造一个良好的社会环境，实实在在地尊重劳动、尊重知识、尊重人才、尊重创造。使一切创造愿望得到尊重，一切创造活动得到支持，一切创造才能得到发挥，一切创造成果得到肯定。制定适合于文化人才的人事管理制度，探索文化人才的行业管理办法，促进文化人才的合理流动，以“不求所有，但求所用”的方式和理念大力引进急需的优秀人才。加大培养文化人才的投入力度，建立人才培养基金，健全人才培养体系，把学校教育与社会教育有机结合起来，积极探索多种形式的人才培养途径，使人才培养渠道更加顺畅、更加有效。

[illegible]

第三章

科学发展观与文化产业发展

文化产业是文化与经济一体化发展的直接产物，以人为本、推动人类文明进步是文化产业发展的本质要求。在全面建设小康社会、构建社会主义和谐社会的进程中，发展文化产业具有特殊的重要意义，内在地全面体现了科学发展观的要求。

在当前经济全球化和社会信息化的浪潮中，发展无疑是世人热切关注的重要问题之一。发展观的发展，传统发展观的突破，新的可持续发展观的形成，科学发展观的不断完善，乃是20世纪下半叶以来人类对于自然、社会和自我认识的一个飞跃。这已经成为世人的共识。在这样的历史潮流中，我国不断地把握机遇，借鉴经验，转变观念，创新思维，与时俱进，确立了科学发展观。大力发展文化产业，是我们在新的历史条件下实践科学发展观，全面建设小康社会的必然要求和具体体现。

一、科学发展观提出的历史背景及其形成过程

从历史过程来看，发展观就是关于发展的本质、目的、内涵和要求的总体看法和根本观点。在刚刚过去的半个多世纪里，人类创造了历史上前所未有的经济增长奇迹，呈现出明显的几何极数增长特征。但在这种强劲发展的初始阶段，人们在理论和认识上把发展完全等同于经济增长，GDP增长成为衡量一个国家或地区经济发展的唯一标尺，几乎完全忽略了社会的全面发展问题。直到20世纪70年代初，罗马俱乐部的专家们提出了《增长的极限》报告之后，人们才开始重新来认识发展问题。此后，随着人们认识的深化，各种发展观不断衍生出来。如强调人与客观世界相协调的综合发展观，如强调自然资源反复利用的循环经济发展观，如强调个人自由和社会承诺的自由发展观等等，并逐步归结到可持续发展观上，提出发展“既要满足当代的需求，又不对后代满足需求能力构成危害”。1992年在巴西里约热内卢召开的联合国环境与发展大会，通过了《里约热内卢宣言》和《21世纪议程》两个纲领性文件，标志着可持续发展观被全球持不同发展理念的各类国家所普遍认同。

科学发展观是在可持续发展观的理论基础及我国20多年改革开放的实践基础上演化衍生而来的。20多年改革开放的经验启示我们：社会发展的战略目标，不是单纯追求生产总值的增长，而是在经济发展的基础上促进社会全面进步，促进人的全面发展；经济体制改革不仅要有利于促进生产力的发展，而且要有利于全面体现社会主义现代化事业的要求，实现社会和谐和全面进步。在这样的理念指导下，《中共中央关于完善社会主义市场经济体制若干问题的决定》鲜明提出了"五个统筹"的重要思想，即统筹城乡发展、统筹区域发展、统筹经济社会发展、统筹人与自然和谐发展、统筹国内发展和对外开放；党的十六届三中全会明确提出，"坚持以人为本，树立全面、协调、可持续的发展观，促进经济社会和人的全面发展"；胡锦涛在党的十六届三中全会上指出，"树立和落实科学发展观，这是20多年改革开放实践的总结，是战胜'非典'疫情给我们的重要启示，也是推进全面建设小康社会的迫切要求"；党的十七大再次强调了深入贯彻落实科学发展观的重要意义，指出科学发展观是我国经济社会发展的重要指导方针，是发展中国特色社会主义必须坚持和贯彻的重大战略思想。"科学发展观，第一要义是发展，核心是以人为本，基本要求是全面协调可持续，根本方法是统筹兼顾"。科学发展观的基本内涵，包含以下五个方面：坚持以人为本，是科学发展观的核心内容；促进全面发展，是科学发展观的重要目的；保持协调发展，是科学发展观的基本原则；实现可持续发展，是科学发展观的重要体现；实行统筹兼顾，是科学发展观的总体要求。科学发展观改变了传统发展观认为发展就是经济增长而忽略经济全面发展和社会全面进步的片面认识，并指明，有什么样的发展观，就会有什么样的发展道路、发展模式和发展战略，就会对发展的实践产生根本性、全局性的重大影响。

科学发展观的提出和形成是全面建设小康社会、构建社会主义和谐社会的必然要求。全面建设惠及十几亿人口的更高水平的小康社会，是一个经济、政治、文化、社会、生态和人的全面发展的系统集成的目标体系，体现了科学发展观的重要内涵。应当看到，我国现在所达到的小康，还是低水平的、不全面的、发展很不平衡的小康，只有牢固树立和认真落实科学发展观，坚持按照科学发展观的要求想问题、办事情、作决策，才能使全面建设小康社会真正建立在求真务实的基础上，才能真正做到在经济发展基础上促进社会全面进步，不断提高人民生活水平，保证人民共享发展成果。而社会和谐是中国特色社会主义的本质属性，构建社会主义和谐社会与科学发展观是内在统一的。没有科学发展，就没有社会和谐；没有社会和谐，也难以实现科学发展。

科学发展观的提出和形成是妥善应对我国经济社会发展关键时期可能遇到的各种风险和挑战的正确选择。我国现在人均生产总值已突破1700美元，到2020年将达到3000美元。这是整个现代化进程中一个非常关键的阶段，也是经济社会结构发生深刻变化的重要阶段。在这个重要阶段，牢固树立和认真落实科学发展观，我们才能为妥善应对经济社会发展中的诸多矛盾提供重要的指导思想和工作的基本原则，认识和把握经济社会发展的全局，审时度势，因势利导，顺利实现全面建设小康社会的宏伟目标，不断开创中国特色社会主义事业的新局面。

科学发展观的提出和形成是提高党的执政能力和执政水平的迫切需要。推动经济社会的持续快速发展，需要解决好科学发展问题；解决好科学发展的问题，需要按照客观规律科学地领导中国特色社会主义的各项事业。把树立和落实科学发展观同加强党的执政能力建设紧密结合起来，把提高科学发展的能力作为提高党执政能力的一个重要方面，这样，我们党就能更好地解决提高党的领导水平和执政水平、提高拒腐防变和抵御风险的能力这两大历史性课题。

科学发展观的提出实现了以下三方面的辩证统一：

首先，科学发展观体现了马克思主义主体与客体的辩证统一。主体是指现实的人，客体是指自然和社会环境。在古代社会，由于生产力水平低下，人类受自然的控制和奴役，客体成为主体关系的重心，人们对自然界只能盲目崇拜与屈从。近代以来，特别是工业革命之后，随着生产力的发展，人类认识、改造自然和社会的能力不断提高，人们又错误地认为自己是自然的征服者。科学发展观坚持了马克思主义主客体的辩证统一思想，坚持以人为本，坚持人的全面发展。在中国，从来没有像今天这样重视人的价值选择，像今天这样关心广大人民的利益。与此同时，科学发展观又强调人与自然的高度和谐，经济与社会的全面发展，物质文明、政治文明、精神文明的共同进步，尊重自然、经济和社会的客观规律。这些都充分体现了马克思主义的价值观与方法论的统一、合目的性和合规律性的统一。

其次，科学发展观体现了总结历史经验与解决现实问题的辩证统一。科学发展观是在汲取人类社会发展的经验教训，包括发达国家在工业化、现代化过程中的经验教训，特别是总结我国改革开放20多年实践经验的基础上提出来的。同时，它又着眼于我们正在做的事情，着力解决发展中面临的困难和问题。科学发展观在总结过去经验的同时，充分考虑到未来发展可能面临的困难和问题，体现了马克思主义的历史和逻辑的统一。

第三，科学发展观体现了跨越式发展与可持续发展的辩证统一。本世纪头20年，对我国来说，是一个必须紧紧抓住并且可以大有作为的重要战略机遇期。我们要集中力量，全面建设惠及十几亿人口的更高水平的小康社会。科学发展观就是在这样的历史背景下提出来的，为我们实现跨越式发展提出了明确的奋斗目标和努力方向。要在今后20年实现生产总值翻两番，就必须保持一个比较高的发展速度。抓住战略机遇期，就是要在科学发展观的指引下，以较短的时间和较小的代价实现跨越式发展，逐步缩小与发达国家的差距。跨越式发展必须建立在可持续的基础上。全面、协调、可持续的发展观，为未来发展提供了新的目标和方法。全面、协调是空间上的结构优化，可持续是时间上的动态均衡。可持续发展不仅要求实现资源环境的可持续，还要求实现经济发展的可持续乃至政治、文化发展的可持续。只有不断地塑造我国发展的可持续能力，才能实现中华民族的伟大复兴。

总之，科学发展观是我们党坚持解放思想、实事求是、与时俱进、理论创新的重大成果，是我们党对社会主义现代化建设规律认识的进一步深化，是我们党执政理念的一个飞跃。科学发展观着眼于丰富发展内涵、创新发展观念、开拓发展思路、破解发展难题，是我们党对社会主义现代化建设指导思想的新发展，是对社会主义现代化建设规律认识的进一步深化。牢固树立和落实科学发展观，是全面建设小康社会、构建社会主义和谐社会的必然要求，也是加快经济社会各项事业发展的科学基础。科学发展观的提出，对于全面建设小康社会具有重大而深远的指导意义，是我们党对现代化建设指导思想的重大发展。

二、科学发展观与文化产业发展的天然联系

科学发展观的核心是以人为本，强调的是全面、协调、可持

续的发展，实质是要践行“五个统筹”的要求。科学发展观的发展方针、发展目的是实现人的发展和社会全面进步。人的发展不仅包含当代人的发展，也包括后代人的发展；不仅要求满足人们的物质生活需求，更重要的是要满足人们在社会生活、精神生活上的需求。从这个意义上讲，科学发展观具有丰富的文化内涵，甚至可以理解为人生存和发展的文化战略。因为人在物质生活得到满足之后的所有要求和希望，如精神文化生活的需求，如自由民主的需求，如希望获得他人、群体和社会尊重的需求等等，归结起来都是一种文化的追求，是一种渴望超越自然生存状态的需求。因而要强调人和社会的全面协调发展，就必须高度重视文化的价值。

现实的人和社会都是一定的文化不断发展的产物，人从经济人、自然人不断向社会人、文化人转化是一个自然历史过程，离开了文化的支撑，实现社会的全面进步是无法想象的。文化还直接参与了经济价值的创造，一个物质产品不仅意味着一种经济价值，同时也意味着一种文化价值。同样，人的消费过程不仅是一个物质生活过程，同时也是一个精神文化的体验过程。也就是说，文化产业是市场经济发展到一定阶段的必然产物，也是在文化建设中实践科学发展观的必然结果。从产业发展的需求市场、生产销售环节来看，发展文化产业，可以多层次、多渠道满足人民群众不断增长的精神文化需求，而从文化产品或服务的生产、销售、消费来看，每一个环节都与人的全面发展有着极其密切的联系。发展文化产业，其终极目标之一就是促进人的全面发展，能够充分体现“以人为本”的科学内涵，客观上契合了科学发展观的要求，是在实际工作中践行科学发展观的具体表现之一。因此，文化产业的发展与科学发展观之间有着天然的联系。

发展文化产业，就是坚持以人为本，进一步激活人的潜能，推动文化产品的更新换代。文以人兴，事在人为。文化是实现人的自由而全面发展的重要条件，人越是发展，创造的物质文化财富就越丰富。以人为本，是进一步推动文化生产力发展的根本出发点和落脚点。以人为本，既是发展观的要求，也是推动文化生产力发展的本质内容。只有以人为本，才能解决多数人应当享受文化公共产品的权利，才能落实广大人民群众的文化建设的知情权，才能表达广大人民群众对文化事业建设的心愿和意志，才能进一步保护和发挥广大人民群众的文化创造性，激发广大人民群众的文化创新热情，促进文化的持续繁荣和发展。

发展文化产业，就是全面打开文化视野，积极寻找我国文化市场发展的规律和途径。经济全球化的迅速发展，不仅带来货物、服务、资本、人员等在各国之间的频繁流动，而且带来思想意识、价值观念、行为方式在世界范围内的激烈交锋与更替。因此，必须站在世界文化发展的前沿，善于观风测雨、洞悉世界各国主流文化的前进方向，为我所用地发展和繁荣我国的文化市场，使我国的文化葆有蓬勃的活力和永续发展。

发展文化产业，就是不断保持和发扬我国文化的丰富性、多样性和延续性，在更加开放的环境中建设中国特色社会主义文化。既在文化产业发展过程中继承和发扬具有中国特色、中国风格、中国气派的中华文化，又能够古为今用、洋为中用，择善而从、推陈出新，同时根据我国国情，大力发展行业文化、区域文化、地方文化，大力倡导“百花齐放、百家争鸣”的方针，发扬文化的多样性，丰富文化产品的多元性和多层次性，更好地推动社会主义文化大发展大繁荣。

发展文化产业，就是不断探索社会主义文化建设的规律和途径，促进社会主义文化事业的良性循环。在文化产业发展过程中，要按照社会主义精神文明建设的规律和特点，坚持实事求是、一切从实际出发的方针，以文化产业发展带动文化体制改革，进一步解放和发展文化生产力，释放文化产业发展的活力，并放宽文化领域的市场准入，鼓励民间资本进入，同时逐步探索艺术市场的市场规律，让我国更多的优秀文化产品走向世界，让更好的国外文化产品走进中国，真正推进我国文化建设的繁荣发展。

发展文化产业，是符合“绿色 GDP”发展要求的经济增长方式。与其他诸多产业相比，文化产业是最具有可持续发展能力的产业。首先，文化产业所赖以生存和发展的文化资源是一种活的资源，它不但可以不断地反复使用，而且其使用过程就是一个价值积累过程，使用频率越高、使用时间越久，其价值就越大。其次，文化产业的发展过程既是人本身的生产过程，也是人的文化素质不断提高的过程。文化产业是一个智力密集型产业，其人力资本具有集约型、专业化的特色，对从业人员素质的要求极高。由于文化产品的生产与其他物质产品的生产有着极大的差异，有着自身独特的规律，与其说是一个生产过程，不如说是一个创作过程。每一个文化产品生产者，都必须在生产过程中不断创新、不断激发创作灵感，生产者自身能够从中获得不断的提高和升华，消费者自身的科学文化素质更在获取精神文化享受的同时得到不断的提高，从而对社会文化水平的提高产生作用，提高全社会的文明程度和人们的文化素质。再次，文化产业在其运作过程中，具有投资小回报大的特点。其产品可以不断重复使用，大大降低能耗和自然资源的浪费，提高投入产出比。

文化产业发展本身独特的规律，决定了其与强调以人为本的科学发展观之间有着天然的内在联系。作为中国特色社会主义理论体系的有机组成部分，科学发展观是推进文化建设的锐利思想武器。我们在谈到发展文化产业的时候，须臾也不能离开科学发展观的指导，只有树立科学的发展观，才能走出一条全面、协调、可持续的文化建设之路。

三、发展文化产业是实践科学发展观的必然要求和具体体现

发展文化产业在实践科学发展观中占有重要的地位。20 世纪 60 年代以来，人类的发展观经历了从经济增长至上到社会发展优先，从片面发展到全面综合发展的重大转变。我国改革开放以来，经济社会取得了长足的发展，人民生活水平大大提高，但也带来了一些经济、社会、环境生态等方面的问题，大大降低了社会可持续发展的能力。特别是在精神文化领域，一些人的价值观扭曲、错位，拜金主义、享乐主义、极端个人主义思想蔓延，色情、暴力、凶杀等腐朽、反动、堕落的思想有所抬头。所有这些恰恰是腐败和各种违法乱纪活动产生的一个重要思想根源。因此，转变人们的发展理念，树立正确的世界观、人生观和价值观这一文化建设的重要任务，是与经济发展和政治文明建设密切相关的。只有大力推进文化产业的健康快速发展，才能充分满足人民群众文化消费的要求，提供高质量的精神产品，保障社会主义建设的进程，并为建设过程中的可持续发展提供智力支持。同时，发展文化产业是我国经济社会全面、协调、可持续发展的必然要求。大量统计资料表明，我国的短缺经济时代已基本结束，人们物质需求的增长正逐步趋向饱和，开始追求一种精神文化含量更高的生活和消费。满足人们的精神文化需求成为经济增长的极其重要的动力，由此带来了文化产业的发展良机，也预示着文化产业的美

好前景。在全面推进小康社会建设进程中，发展文化产业集中体现了科学发展观的全面、协调、可持续、以人为本的要求。

首先，发展文化产业是以人为本、实现人的全面发展的内在要求。正如联合国发展计划署在《1992 年人文发展报告》中指出的那样："因此，人文发展是一个广泛的、全面的概念。它包罗在所有发展阶段所有社会中的所有人类选择。它把发展对话扩大为不仅仅是讨论手段（国民生产总值）而是讨论终极目的……人文发展的概念不是从任何预定模式开始的。它从社会的长远目标得到启示。它使发展围绕人的中心，而不是使人围绕发展的中心。"全面发展的个人应当具备的素质，不仅包括劳动技术和专业特长，还应包括对历史、社会和自然的比较全面的认识和创造能力，以及多方面、多层次的发展要求等。人的全面发展固然与历史的、社会的、政治的和经济的发展状况密不可分，但如果没有积极有效的文化建设，社会不可能自发形成有益于人的全面发展的文化环境。以人为中心、以人为本在社会主义条件下，就是满足人民群众不断增长的物质文化需求和人的全面发展的要求，切实保障人民群众的经济、政治和文化权益，让社会发展的成果惠及全体人民。发展文化产业，可以满足人民群众日益增长的精神文化需求。随着我国社会生产力的发展和物质生活水平的提高，人民群众对精神文化生活的要求也必然日益增强，这就要求我们在大力发展物质文明的同时，积极进行精神文明和文化建设。我们建设的中国特色社会主义各项事业，既要着眼于人民群众的物质文化生活需要，同时又要着眼于全民族思想道德和科学文化素质的提高，也就是要努力促进人的全面发展。实现人的全面发展，不仅要通过发展经济不断改善人们的物质生活，而且要通过精神文明建设，通过文化产业发展，提供充分、丰富、完善、系统的文化产品，不断丰富人们的精神文化生活，提升人的素质、协调人际关系、激发创造潜能。

其次，发展文化产业是促进人与自然和谐发展的重要环节。在我国，经济的快速增长主要归功于第二产业的迅猛发展。与此同时，第二产业在发展过程中对资源的需求不断攀升，对资源的消耗极度扩大。为了发展经济，一些地方不同程度地出现环境恶化、生态危机等问题。我们绝不能走西方发达国家那种“先发展、后治理”的老路，应该在可持续发展、“绿色 GDP”方面寻求有中国特色的发展道路。同时，知识经济时代的到来，进一步凸显了知识在经济社会发展中的重要地位和作用。文化作为知识的显性表现形式，越来越深刻地渗透到各种物质产品当中，成为提升物质产品品质的关键因素。文化含量高的产品和服务，人们趋之如鹜；反之，则乏人问津，这已是消费市场上的一个不争事实。我们也可以看到，许多产业正是借助着文化的力量而取得了长足的进步。文化产业的发展壮大，不仅可以直接产生巨大的经济效益，促进文化的繁荣，带动国民经济的发展，而且会对其他产业的发展产生强大的助推力。科学发展观实质上就是协调发展观的延伸和发展，以资源的开发保护相协调为主要特征的文化产业正好契合了科学发展观的要求，并且文化产业所赖以发展壮大的文化资源与其他资源相比，具有显著的可再生性。在我国大力发展文化产业，既符合人民群众需求发展变化的前进方向，又能大大减轻经济增长对自然资源和生态保护的压力，是践行科学发展观的必然要求。发展文化产业，能够通过文化产品传达的积极信息，确立和弘扬科学的发展观，妥善处理好经济发展与人口、资源和环境的关系，大力发展有利于生态环境的绿色生产力和绿色科学技术，科学地进行人与自然之间的物质变换，建构有利于人与生态环境共存共荣的生产方式和生活方式，从而有效地改善经济结构，减少对自然资源的消耗，实现人与自然的和谐发展。同时，文化产业是一个劳动力密集、资源消耗极低的新兴产业，在发扬光大本国本土文化的同时还能够贡献不菲的 GDP 增长率，从经济发展的角度降低资源的消耗，保护自然环境。因此，文化发展越来越成为社会进步的重要标志。当今世界，文化与经济、政治相互交融，在综合国力竞争中的地位和作用越来越重要。在一些发达国家，文化产业已经占到国民生产总值的 50% 甚至 80% 的比例。

第三，发展文化产业是走“绿色 GDP”发展之路的必然选择。改革开放二十多年来，我国 GDP 年均增长 9.4%，同时，我国也成为世界上单位 GDP 能耗最高的国家之一。现行的 GDP 中只能看出经济指标，却看不出其背后的环境生态破坏。比如，我国人均自然资源是世界平均值的约 1/2，人均水资源量是世界人均值的 1/4，单位产值的矿产资源消耗与能源消耗是世界平均值的 3 倍，单位产值的废物排放量是世界平均值的数倍，单位面积的污水负荷量是世界平均数的 16 倍多，等等。绿色 GDP 则扣减了环境和生态成本，其数据反映了国家的真实发展水平，能够为决策提供判断依据。这将以科学发展观的标准来调整单纯关注经济增长与过度消费的观念，为全社会的协调发展，为弱势群体的公共利益，为执政党的长治久安提供重要支撑；这有利于促使政府职能从单纯抓经济转为主抓公共事务，关注经济增长与环境保护之间的联系。在这方面，作为“从事文化生产和提供文化服务的经营性行业”的文化产业，无疑具有先天的优势。相对来说，文化产业是一个能耗低、污染轻而又高产出、具有高附加值的行业，比较符合“绿色、环保、健康”的理念。尤其随着互联网等高新技术的发展，由文化产业与信息产业融合产生的信息文化产业迅速崛起，其低能耗、轻污染的优势显露无遗，已成为新的经济增长点。以网络游戏为例，据预测，2004 年我国网络游戏产业将创造 42 亿元的产值，带动电信运营服务增值达 300 亿元，带动连锁网吧潜在投资近 1000 亿元。

第四，发展文化产业是加快全面建设小康社会步伐、构建社会主义和谐社会的巨大动力。建设中国特色社会主义，经济、政治、文化必须协调发展，共同建设，必须把物质文明、政治文明和精神文明都搞好。如果没有物质文明的发展，政治文明建设和精神文明建设就失去了物质基础；没有政治文明和精神文明的进步，物质文明建设就没有动力，经济发展目标就难以实现。发展文化产业和（加强）文化建设从来都不是孤立进行的，其内容贯穿在经济建设和政治文明建设之中。就经济建设而言，文化建设所蕴含的价值导向、所造成的消费心理、为社会所提供的精神动力和智力支持，是影响经济创新能力和可持续发展能力的重要因素。就政治文明建设来说，在一定意义上，政治文明建设就是政治文化的建设，只有使公民意识、民主意识、法治观念等深入人心，政治文明建设才能卓有成效。周恩来总理曾讲过这样一段话：一个国家的政府就像一个飞机的机身。飞机的两个翅膀，一边是经济，一边是文化。离开了文化，经济是不能起飞的。这确实是高瞻远瞩的见解，明确指出了文化建设和发展文化产业的重要性。从国际上看，美国从 1995 年到 2001 年，按产值高低文化产业连续六年排在第二位至第六位之间。无数事实证明，经济上的强国，往往也是文化上的强国。文化产业的发展，对于社会主义文化建设而言无疑于排头兵、推动器，能够结合社会主义文化市场的消费需要、人民群众的精神需求和文化进步的发展方向进行文化产品的生产，为小康社会的顺利实现提供强大的思想保障，让人民群众的生活真正丰富多彩。我国只有建设面向现代化、面向世界、面向未来，民族的科学的大众的社会主义文化，才能满足人民日益增长的物质文化生活的需要，不断促进广大人民群众思想道德素质和科学文化素质的提高，才能为经济发展提供坚实的思想保证、强大的智力支持，也才能真正实现全面小康。党的十六届四中全会提出了构建社会主义和谐社会的要求，和谐社会最重要的就是要实现民主法治、公平正义、诚信友爱、充满活力、安定有序、人与自然和谐相处。在这其中，人们文化素质、精神素质、道德素质、民主素质的整体提高是极为关键的，而这一切都与文化建设密切相关，都与文化的全面发展紧密联系，或者说这些必须通过加强精神文明建设、加强文化建设来完成。从这个角度来说，文化建设和文化产业发展是构建社会主义和谐社会不可分割的一个有机组成部分，同时也是加快构建进程的重要推动力，意义极为特殊。

四、科学发展观对文化产业发展的要求

在全球信息共享化、价值多元化、经济文化化的发展进程中，如何结合我国丰富的文化资源、宝贵的历史经验和社会主义制度特点，以人为本地全面发展文化产业，是全面建设小康社会进程中一个无法回避的话题，也是忠实践行科学发展观的必然要求。

发展文化产业，必须坚持以马克思列宁主义、毛泽东思想、邓小平理论和“三个代表”重要思想为指导。马克思列宁主义、毛泽东思想、邓小平理论和“三个代表”重要思想是我们立党立国的根本指导思想，是社会主义文化建设的根本指针。文化产业的发展，必须坚持马克思主义的指导地位，绝不能搞指导思想的多元化；文化产业的发展，必须坚持为人民服务、为社会主义服

务的方向和“百花齐放、百家争鸣”的方针，弘扬主旋律，提倡多样化；文化产业的发展，必须大力倡导一切有利于发扬爱国主义、集体主义、社会主义的思想和精神，大力倡导一切有利于改革开放和现代化建设的思想和精神，大力倡导一切有利于民族团结、社会进步、人民幸福的思想和精神，大力倡导一切用诚实劳动争取美好生活的思想和精神。总之，我们今天面对的文化产业发展，是推陈出新、继往开来的发展，是在持续的文化建设过程中的发展。

发展文化产业，必须坚持以人为本。科学发展观的核心是以人为本，文化建设和文化产业发展的根本也是人的建设，关键是全面提高人的素质，丰富人的精神文化生活。当今世界，人才和人的能力建设，在综合国力竞争中越来越具有决定性意义。人类有着无限的智慧和创造力，这是文明进步不竭的动力源泉。开发人力资源，加强人力资源能力建设，已成为关系当今各国发展的重大问题。这就要求我们在文化产业的发展过程中，更加自觉地坚持以人为本，把服务于人民群众作为首要任务，义不容辞地保障人民群众的文化权益，千方百计地满足人民群众的精神文化需求。要围绕提高人的素质这一中心任务，迅速提高广大人民群众的思想道德素质、科学文化素质和身心健康水平，帮助他们树立起正确的理想、信念和价值取向，为我国全面建设小康社会提供强有力的智力支持。

发展文化产业，必须坚持统筹协调。长期以来，城乡之间、富裕地区同山老边穷地区之间，在经济建设和文化建设上都存在着较大的差距。这种状况不扭转，全面实现小康目标就是一句空话。我们的文化产业建设，要尽量缩小这种差距，尽量求得均衡发展。要按照统筹城乡文化建设的要求，在政策和投入等方面向农村倾斜，以大城市辐射带动中小城市、小城镇和广大农村。要按照统筹区域文化建设的要求，加大对贫困地区文化建设的扶持力度，改变这些地方文化贫困的现状。要积极主动、开动脑筋、因地制宜地发展有特色、有代表性、有历史底蕴的文化产业，以文化建设和文化产业发展为龙头，统筹发展社会各项事业，促进文化产业与其他产业相互融合，推动"文化经济"的发展。

发展文化产业，必须坚持可持续发展。可持续发展不仅是经济的持续发展，也是文化的持续发展。如果不珍惜自然资源和文化资源，不按市场规律和文化发展规律办事，文化建设就不能得到持续发展。可持续发展要求今天的发展有利于未来的发展，不仅不能耗尽或毁掉未来发展的基础，而且要为未来发展提供更好的条件。因此，我们不仅要关注带来现时效益的文化产业建设，也要留意那些具有长远效益的文化项目。文化产业发展过程中的任何铺张浪费，都是对资源的破坏，是对人与自然关系的破坏。在文化产业建设中一定要因地制宜，从经济社会发展的需要出发，从当地群众的文化需要出发，量力而行，厉行节约，把财力、物力用在真正需要的地方，发挥其最大效益。

发展文化产业，必须坚持对外开放。处理好国内发展与对外开放的关系，是落实科学发展观的重要内容。在各项文化产业建设中，要有国内和国际两个"舞台"的意识，既要"引进来"，更要"走出去"。要充分利用经济发展优势、人文资源优势、人缘地缘优势和文化品牌优势，通过各种文化体育活动和现代传媒手段，提高我国文化在国际上的知名度和影响力，向世界展示中国优秀传统文化和文化建设的新成就，特别是展示当今中国人民蓬勃向上的精神面貌。要努力形成多渠道、多层次、多形式的对外文化交流格局，在世界范围内积极主动地传播中华文明。

五、在科学发展观指导下建设社会主义和谐文化

和谐文化是特定区域内的、由多种不同文化构成的、与时代发展相协调的、有机的文化体系，具有明显的区域性。不同区域内的和谐文化有不同的内涵和外延，世界范围的和谐文化、地区范围的和谐文化、国家范围的和谐文化、地方范围的和谐文化，都将体现出特有的区域特征和内涵特质。我们所说的和谐文化概念主要指在中国这个国家区域内建设的和谐文化，是一种中国特色的和谐文化。“以人为本”，“科学发展”，“和谐社会”，无论它是理论观点，还是政治主张，大政方针，都符合国情，符合民意，顺应世界历史潮流。

和谐文化是一种由多种不同文化构成的文化体系。社会多元化，文化多样性是和谐文化的必要条件和基本特征。和谐文化既包括传统文化，又包括现代文化；既包括外来文化，又包括本土文化；既包括民族文化，又包括地域文化；既包括大众文化，又包括精英文化；既包括世俗文化，又包括宗教文化；既包括主流文化，又包括非主流文化；既包括政治文化，又包括经济文化；既包括社会文化，也包括文化自身的文化，同样包括政治、经济、社会相互和谐的文化。每一种文化都具有自己鲜明的个性和独特的魅力，不同文化之间则和谐与共、相互整合、良性互动、共荣共存。

以经济、政治、社会、文化发展时段以及生态环境状况变化为依据，人类发展史被划分为不同的时期，这就是所谓的时代。与时代发展相协调是和谐文化的内在规律，和谐文化在不同时代必然有不同的内涵和不同的表现形式。只有与现时代经济、政治、社会、文化发展以及生态环境相协调的文化体系，才称得上是真

正意义的和谐文化。我们正处在一个信息网络化、价值多元化、经济全球化、经济文化化、文化经济化、经济文化一体化的时代，在这样的时代背景下建设和谐文化，必然具有特殊的时代要求和显著的时代特征。我国要建设的和谐文化，是与时代发展潮流、世界发展状况相协调的文化体系，是与我国现阶段经济、政治、社会、文化发展以及生态环境状况相协调的文化体系，是与社会主义和谐社会要求相适应的文化体系。和谐文化既是和谐社会的重要特征，也是实现社会和谐的精神动力，建设和谐文化是构建社会主义和谐社会的重要任务，也是构建社会主义和谐社会的重要条件。

和谐文化是一个多层面的复杂的概念。我们不但要研究精神文化领域自身的和谐问题，而且要研究文化与政治、经济、社会建设的相互适应、协调发展和它们之间的相互渗透、交融、互动的问题；我们不但要把和谐文化作为一种理想、一种目标、一种结果，而且要把它作为一种方略、一种做法，一种机制；我们不但要把建设和谐文化作为一个系统工程，在广阔的领域，通过多种途径和方法来加以推进，而且要始终把握住它的核心和关键，这就是和谐的理念和价值取向。当今中国，绝大多数人民盼着一种安全、均衡、透明、民主的和谐社会，可以肯定，这种愿望往往可以变为普遍人追求的共同理想、共同信仰和主张。一种发自内心自觉自愿的信仰给人以力量，能凝聚人心、能鼓舞斗志。其依据在于，和谐社会的出发点是以人为本，人是世界的主人，人为人而活，人为人而存。和谐社会的理论基础是科学发展观，不污染环境、不破坏生态、不浪费资源、经济又好又快的发展、广大人民群众生活水平均衡提高。人类的共同追求是发展，发展了才有幸福，而且人人有幸福。

和谐指的是以人为核心的两种以上不同要素的协调、结合、融合与发展。在西方思想文化中，就出现过许多和谐思想和关于和谐社会的理想。古希腊哲学家毕达哥拉斯有两句著名的哲学格言："什么是最智慧的——数"，"什么是最美的——和谐"。西方公认的辩证法大师黑格尔认为，包含差异与对立于自身之内的同一，即"本质上的统一"、"具体的同一"，是和谐产生的原因。近代以来，西方还出现了社会的均衡论、协同社会论、社会系统论等与和谐思想、和谐社会相关的理论。

而对和谐思想作出最杰出贡献的当数中国传统文化。在中国传统文化中，和与和谐既是哲学范畴，又是伦理学范畴，既是一种思维方式，又是人的价值追求。从先秦以来，出现了人们熟知的"和为贵"的仁政思想，"政通人和"的治国之道，"天时不如地利、地利不如人和"的对人与人和谐关系的追求等与和谐相关的思想。其中，关于"和"的本质，最经典的表述要数孔子的"和而不同"。"和而不同"有两层含义：一是主张多样，二是主张平衡、协调。二者"同归而殊途，一致而百虑"，倡导的是和谐文化。要始终紧紧抓住和谐的理念和价值取向这一关键和核心，把它贯穿到认识和处理人与人、人与自然这两个层面的天人关系、身心关系、人际关系、社会关系这四个关系中去；贯穿到认识和处理内部各阶层、各利益团体之间的关系和与外部世界的关系中去；贯穿到微观社会组织的发展和社会的宏观管理中去；贯穿到经济、政治、文化、社会的各个系统内部和系统之间的关系中去，引导人们树立和谐的思想观念和思维方式，使崇尚和谐、维护和谐成为全社会的共同追求，为构建社会主义和谐社会提供更为广泛、更为持久、更为深层的支撑。文化最基本的精神是和谐，包括人际关系和谐，群体和谐和天人和谐；最核心的理念是"和而不同”，“和实生物，同则不继”；最高的理想是“万物并育而不相害，道并行而不相悖”，中华民族传统文化认为，“不同”是事物发展的根本，相异的事物相互协调并进就能发展，如果以相同的事物叠加就会窒息生机。但“不同”并不是互不相关、相互矛盾，各种“不同”因素之间，必须有“和”，“和”的主要精神就是要协调“不同”，达到新的和谐统一，使各个不同事物都能得到新的发展。这些思想精华，为我们建设中国特色的和谐文化，积累了丰富的精神养料，提供了不尽的思想源泉。建设中国特色的和谐文化，要认真研究解决对传统文化“继承什么”和“如何继承”的问题，并结合时代特点在新的历史条件下加以弘扬和超越，使中华民族精神不断发扬光大，成为团结凝聚全国各族人民的强大精神力量。

多样性是世界的本质。多样性有利于取长补短并促进事物的变迁和发展，单一性则会使事物丧失活力导致生机窒息。从自然界来讲，生态环境多样性和生物多样性的存在，有利于生命支持系统功能的保持及其结构的稳定；从人类社会来讲，文化多样性确保了人类社会的丰富多彩和生机勃勃，是人类文明发展进步的不竭动力。任何一种文化，只有在它能够与其他文化相区别时才能被辨识，也才能有现实的存在。一方面，相应于不同的自然环境和历史条件，文化的起源和演化不可能是同一的；另一方面，人类需要结构的差异性和欲望理想的丰富性，也只能由文化的多样性来表达和满足。因此，文化多样性对人类来说，犹如生物多样性对维持生态平衡那样必不可少。保护文化多样性，就是保护人类的生存。倡导文化多样性是多民族国家长治久安的基础，是和谐世界的基础。

无论从历史发展趋势来看，还是从现实状况来看，中华民族文化都具有多元一体的特点，是多样性与同一性的统一，这是我国的一个基本国情。一方面，我国的文化多样性非常明显。一是民族文化的多样性，中国是由56个民族所组成的复合民族共同体，每个民族都有自己的独特传统，都有自己的文化特色；二是地域文化的多样性，中国地域辽阔，千里不同风，百里不同俗，各地区均有自己的文化特色。另一方面，我国形成了一体化的文化。各民族、各地区在长期的文化互动、交流中，相互影响、相互借鉴、相互吸收，形成你中有我、我中有你的密切关系，并逐步整合成统一的精神，整合成一个具有共同价值取向的中华民族传统文化模式，从而构成相互依存的统一而不可分割的整体。

建设中国特色的和谐文化，必须从我国的基本国情出发，从中华民族文化的特点出发，营造良好的社会环境，建立良性的体制机制，正确处理文化多样性与同一性之间的关系，建设既保护文化多元格局又引导一体化进程的多元一体的文化体系，实现不同文化的和谐共处、协同并进，增强中国文化的强大生命力、凝聚力、影响力和恒久魅力。

只有充分反映时代精神的文化，才具有存在价值和生命活力。和谐文化具有鲜明的时代特色，是一种与时俱进的文化体系，是一种当代形态的文化体系。当代的先进文化是时代精神的最集中反映，建设和谐文化，必须以当代的先进文化为指导，建设中国特色的和谐文化，必须以当代中国的先进文化为指导。

当代中国的先进文化是中国传统文化现代化和外国文化中国化的产物，是带有现代品格和中国风格的民族的科学的大众的新文化，是与我国社会主义经济基础和上层建筑相适应、与中国全面现代化的追求相一致、充分体现时代精神的文化。它包括现代哲学社会科学、现代科学技术、现代教育、现代文学艺术等，其中最重要的理论成果是毛泽东思想、邓小平理论、“三个代表”重要思想和科学发展观。坚持和落实科学发展观本身就是一个培养与构建和谐文化的过程。党中央提出以人为本，全面协调可持续的科学发展观，深刻地贯彻了马克思主义历史观与价值观相统一的原则，一方面，它为鉴别和继承中国传统文化的精华提供了科学的根据和标准；另一方面，以人为本的原则又明确了“人和”是社会整体和谐的核心与最高价值，而经济社会发展的全面性、协调性、可持续性，是消解矛盾、实现和谐的保证。建设中国特色的和谐文化，要以当代中国的先进文化为指导，反映时代精神，传播科学理论、现代科学技术和先进理念，坚持以人为本，全面协调可持续的科学发展观，使之成为全社会的基本共识和重要价值取向，这既是进行和谐文化建设的根本途径，也是构建和谐文化体系的重要基础。

我国社会主义的本质是共同富裕，这就决定了人们在具体不同利益的背后有着共同的利益追求，因而能够形成共同的理想。中国特色的和谐文化，必然是一种由反映社会主义本质要求的共同理想和共同思想基础所主导的文化体系。建设中国特色的和谐文化，要坚持真心继承优秀传统文化，吸收优秀革命文化，很好地结合两种文化之精华，树立建设中国特色社会主义的共同理想；要大力弘扬爱国主义、民族精神、时代主题，在全社会形成能自觉接受的思想道德体系；要坚持用科学理论教育全党引领人民，树立和落实科学发展观，引导人们树立正确的世界观、人生观和价值观，培育具有健康的价值取向、向上的精神状态、高尚的道德情操、积极的事业追求，并能够与自然和谐相处的全面发展的人，从而打牢全国各族人民团结奋斗的共同思想基础，形成心齐、气顺、劲足的良好社会氛围，进一步增强中华民族的凝聚力和创造力，使全体人民在建设中国特色社会主义的伟大实践中，始终保持昂扬向上的精神状态。

和谐文化的建设与和谐社会的构建是一种共生共存的包含关系。构建社会主义和谐社会，既包含着和谐文化建设的内容，同时更需要和谐文化的引导和支撑。没有和谐文化，就没有和谐社会的思想根基，也就不可能有社会和谐发展的实践追求。适应我国构建和谐社会的需要，建立文化支撑体系，是推进我国社会和谐发展的必然要求，是构建社会主义和谐社会的重要条件，是构建社会主义和谐社会的一项基础性工程，也是建设和谐文化的主要目的所在。

和谐是动态的、发展中的、变革中的和谐，和谐文化是一个充满生机和活力的文化。和谐文化必须鼓励创新，尊重创新，保护创新，让全社会的创造活力竞相迸发，创造源泉充分涌现。一部人类的发展史，是人类生命的繁衍史，财富创造的发展史，文明传承的文化史，同样是发挥智慧聪明的创新史，任何历史都是人一页一页的创新，一件一件的创造。创新是民族进步的灵魂，社会发展的不竭动力，一部世界史就是创新史。

文化创新的主体是文化内容、形式和手段的创新。要立足于改革开放和现代化建设的实践，着眼于世界文化发展前沿，从博大精深的中国优秀传统文化中汲取精华，从丰富多彩的世界文化宝库中吸取营养，大力推进文学、戏剧、电影、电视、音乐、舞蹈、美术、摄影、书法、曲艺、杂技、民间文艺的创新、繁荣与发展，推出更多更好的具有中国特色、中国气派、中国风格的文化艺术、文学产品和作品。

文化创新的关键是文化体制机制的改革和创新。当前文化建设中存在着的影响和谐却又长期得不到解决的问题都与体制性、制度性障碍有关，必须通过深化改革来解决。只有毫不动摇地推进文化体制改革，努力实现体制机制的创新，才能进一步解放和发展文化生产力，才能进一步调动广大文艺工作者的积极性和创造性，才能在动态中不断发展和不断推进和谐文化建设。

第四章

文化产业发展与文化体制改革

文化体制与文化产业是社会矛盾运动的对立统一体。文化产业发展既是文化体制改革的原因，又是文化体制改革的结果。在解放和发展文化生产力这个共同点上，文化体制改革与文化产业发展得到了有机的辩证统一。

文化体制是一定文化制度的实现形式，包括文化领导管理体制、文化生产经营体制、文化流通传播体制等。我国现行文化体制是与传统经济体制、政治体制相伴建立的，已经不适应形势发展的需要，也严重束缚着文化生产力的发展。发展文化产业是经济体制、政治体制及文化体制改革的重要结合点，是繁荣发展社会主义文化的重要途径。文化体制改革是深化政治体制改革和经济体制改革的必然要求，是发展文化产业、繁荣文化事业的内在动力。在改革开放和社会主义市场经济条件下，文化的功能和作用无论其内容和形式都大大丰富了。要把文化体制改革作为发展文化的动力，通过加快对内和对外开放步伐，为文化的繁荣发展创造良好的市场环境。

一、文化体制与文化产业关系辨析

文化体制是现存一切文化关系的制度性反映和总和。文化体制，是一个政党、一个国家在文化领域体现其基本意志、基本制度、基本目标的一种具有长期性和稳定性的通则和制度，是一个关于文化的领导管理、调控引导、生产经营和开放交流等多方面的制度性概念。文化体制与经济体制、政治体制息息相关，是国家管理的基本形式，是实现国家文化管理与文化建设目标的制度保障。一定的经济体制和政治体制往往影响着文化体制并在文化体制上得到反映，而文化体制又反映经济体制和政治体制的现实要求和发展趋向。

文化产业体现的是在一定文化生产力发展水平上的生产关系。因此，文化体制与文化产业在一定程度上体现着“经济基础决定上层建筑，上层建筑反作用于经济基础”的社会矛盾运动规律，它们是社会矛盾运动的对立统一体。相应的，文化体制改革与文化产业发展之间便存在着密不可分的辩证关系。文化体制改革的实质是革除不适应文化生产力发展的体制弊端，目的是解放和发展文化生产力，推动社会主义文化建设。在社会主义市场经济体制下，发展文化产业是发展文化生产力的有效途径，是繁荣社会主义文化、满足人民群众精神文化需求的重要途径。

要正确认识和把握文化体制改革的意义，首先要正确认识和把握文化体制、文化产业在经济社会发展中的地位与作用。

1. 文化体制改革在我国体制改革中具有特殊的内容和意义。

文化从来就是与经济、政治联系在一起的，从来都是一定生产力和生产关系的产物，从来都是一定经济制度和政治制度的反映。文化是一定社会政治和经济在观念形态上的反映，具有意识形态属性。另一方面，文化与经济结合所形成的文化经济或文化产品，是一种物质性的产业形态，具有经济属性。当今世界正处于经济、政治、文化大变革、大融合的时代，并引导人类社会朝着一个全新的方向发展，文化与技术、经济和社会发展之间出现了深刻的互渗关系，文化成为经济社会发展的巨大动力。正如党的十六大报告指出，“当今世界，文化与经济和政治相互交融，在综合国力竞争中的地位和作用越来越突出。文化的力量深深熔铸在民族的生命力、创造力和凝聚力之中。”单就经济全球化这样一个趋势来说，在科学技术与生产力高度发展的基础上，世界交往与人类活动正在超越民族与地区的界限与阻隔，形成全球范围内各民族之间彼此相关的互相依赖的事实与趋势。然而，全球化的过程不是没有价值主体的纯自然过程，居于强势地位的西方发达国家是全球化的主要推动者，同样也是全球化意义与文化的主要生产者，它有意识地推行既定利益、既定价值，造成所谓的“同质化”、“一体化”，甚至就是“美国化”、“西方化”。这对全人类的文明、民族国家的经济、政治、文化安全构成严重的威胁。谁都无法在当今世界单纯从精神领域来看待文化，就文化论文化，而忽略其背后的经济、政治意义。从一定意义上说，这是一个文化政治化、文化经济化的时代，是一个文化与经济、政治不断融合的时代。文化体制是政府对社会文化资源进行权威性分配的实现手段和表现形式，是一种社会文化资源的存在方式。因此，任何形态的文化体制，都是过去时代制度权威的一种文化权力安排的产物，是过去历史文化分配的一个结果。也就是说，文化体制与经济体制相比，具有更加浓厚的政治色彩，在更深的程度上受到政治意识、政治价值导向及政治思想的规定和制约。文化发展与经济发展同样存在着依赖互动关系，经济发展为文化发展提供物质基础和物质保障，文化发展为经济发展提供精神动力和智力支持。虽然在一定时期文化发展可以摆脱物质条件的制约而实现繁荣发展，起到社会发展的先导和引领作用，但从长期来看，则永远无法脱离经济发展水平和程度的制约，其文化类型、价值目标等总是一定生产力和生产关系的反映。必然地，文化体制与经济体制、政治体制相对应，在不同层面、不同领域紧密联系。正因为如此，党中央对文化体制改革非常慎重，要求我们“积极稳妥”地推进改革，发展文化事业和文化产业。

文化体制改革是国家整体性深度改革的一部分，是经济体制改革推进到“攻坚”阶段的迫切要求。随着改革开放的不断深入，我国文化体制改革也成为一个重要的时代课题，文化体制改革的问题受到日益广泛的关注。这是因为社会主义文化建设在国家经济快速发展当中的重要性越来越明显，在综合国力竞争中的地位越来越重要，在经济体制改革逐步深化过程中的阻碍作用越来越突出。我国文化建设的任务从未像今天这样艰巨，文化体制改革的要求从未像今天这样迫切。甚至有一些学者指出，文化领域是计划经济体制在国家经济领域的“最后一个堡垒”，它弊端丛生，严重浪费宝贵的文化资源，阻碍文化事业和文化产业的发展。从国家改革的整体角度看，文化体制改革在经济体制改革之后长期没有进行深度改革，没有配套的、与精神文明建设规律和市场经济规律相适应的改革措施，造成两种体制改革间的政策鸿沟，无法承接经济体制改革所带来的放大效应，接应经济体制改革带来的改革成果和改革成本的转移。因此，必须把文化体制改革纳入国家整体改革的战略当中，克服我国文化体制改革与经济体制改革之间所存在的非对称结构性矛盾，为中国文化的前进方向提供一种产业动力机制，从而使文化与经济之间回归其应该有的同构互动关系。

2. 文化产业是精神属性与经济属性相统一的产业。

在现代产业经济学中，产业是指介于微观经济细胞（企业和家庭）与宏观经济单位（国民经济）之间，生产和经营同类产品的企业群。这一定义包含以下几层意思：其一，文化产业是生产和经营文化产品的行业，因而与生产和经营物质产品的一般产业不同，具有特殊的精神或文化的属性；其二，文化产业是由企业群组成的，在现代经济学中，企业被界定为从事生产和经营活动的独立核算的经济组织。因此，文化产业像其他一般产业部门一样具有经济属性，必然是以追求利润、产品的价值补偿和增值为目标的。也就是说，文化产业兼有文化和经济的双重属性，具有推动文化繁荣和经济发展的双重功效。

长期以来，我们片面强调文化产业的意识形态属性，使文化产业的经济属性名存实亡。我国文化领域实行计划事业型为主的体制，不区分经营性产业和公益性事业，文化事业单位按行政区划设置，条块分割严重，已很不适应改革开放和社会主义市场经济体制的发展要求，不符合文化产业自身的特点和规律，严重影响和制约了文化产业的发展。当前，我们已经形成一个普遍的共识，即公益性文化事业和经营性文化产业，是文化体制改革的两个“轮子”。发展文化产业不能离开文化事业，文化事业的发展对文化产业的发展起导向作用，而在社会主义市场经济体制下，文化产业又是文化事业的经济支撑，是文化事业和群众文化的物质基础，是解放和发展文化生产力的有效途径，二者相互联系，相互促进。

需要特别指出的是，文化产业绝不是现存的若干文化行业的简单的经济组合，而是以文化为基础、以资本为纽带，各种经济要素有机联系形成的一种产业形态，它既反映了一定生产力水平和制度条件下文化商品的市场化程度，同时也反映了在这种背景条件下人们文化消费需求的主体差异。大力发展文化产业，不仅要提高文化产业在整个国民经济结构中的比重，而且要带动对传统产业结构的改造，完善我国现代产业体系。通过文化产业对其他相关产业的整体需求来改造传统文化产业，实现文化人力资源、资本和技术的变动与重组，也包括了制造业、信息业和一般服务业等产业的内涵拓展与文化意义。

3．文化产业是经济体制、政治体制及文化体制改革的重要结合点。

文化体制改革是文化繁荣和发展的根本出路，也是文化产业发展的内在动力。文化体制改革的目的是解放和发展文化生产力，文化产业则可能成为经济体制、政治体制及文化体制改革的重要结合点。这首先是因为，文化产业具有意识形态属性和经济属性，不仅涉及社会的文化领域，而且涉及国家经济领域和政治领域的各个方面。当今世界，几乎所有的国家都极为重视民族文化的发展，都努力保证民族文化的完整性和独立性，维护国家的文化安全。为此，都千方百计发展文化产业，提高民族文化的影响力和竞争力。我国自然也不例外，在经济迅猛发展的同时，将坚持走和平崛起的道路，积极发展文化产业。

其次，文化产业的发展要以制度建设和体制改革为前提，必然要求制度性文化权力的重新调整和分配，必然要求相应的思想转变、体制改革和市场建设。改革的目标，就是要消除文化产业发展的体制障碍和政策障碍，创造一个文化产业发展的宽松政策环境和生存环境。而这些改革，如果没有制度创新的意义，体制性障碍依然存在，条块分割与行业壁垒得不到解决甚至在不恰当的改革中强化，那么改革的预期效果也就无法实现。

文化体制一旦形成，并在人们的文化生活中长期占据主导地位，改革起来就必然会面临着巨大的阻力和压力。因为任何一种体制都会有其历史惯性，改革、变革的完成绝不可能一蹴而就。在我国，由于受到极“左”思想的影响，文化的意识形态属性曾一度被强调到无以复加的地步，文化体制被打上了深深的政治烙印，文化产品的政治功能长期被过度强化，而其本身固有的经济属性却遭到无情的抹杀。要从这种计划色彩极其浓烈的文化体制中解脱出来，需要付出更大的代价和努力，面临着巨大的思想观念障碍，甚至一些既得利益集团的人为阻挠。

但重要的是，文化产业的发展不会被动地等待制度创新和体制变革，而是在自身逐步强大的过程中冲破禁锢和藩篱，打破阻碍产业发展的种种束缚，并建立适合自己发展要求的市场体系和运行规则。无论是文化体制改革，还是经济体制改革和政治体制改革，围绕促进文化产业发展，就能够抓住关键环节，形成改革的路径和策略，沿着正确的方向前进。我国二十多年改革开放的一条基本经验，就是以发展为中心，实践先行，放松管制，制度建设随着实际情况的变化做相应的调整。同样地，文化产业的发展在目前国家明确发展方向，提供宽松的理论环境的条件下，也将在不断发展中突破体制和政策上的障碍，推进国家文化管理体制、经济体制的改革。

一般认为，文化体制改革能够为文化产业提供发展动力，文化产业的发展又反过来促进文化体制改革。按照这一理论逻辑，文化产业的发展壮大，应该以文化体制的深入改革为前提。那么，在当前我们暂时不能彻底突破旧有体制的条件下，文化产业是否就一定要看着旧有体制的脸色而缓慢前行呢？答案当然是否定的。我们是否可以换一个思路，让文化产业率先发展壮大，进而不以人的意志为转移地推动文化体制改革的深化，最终为文化产业发展彻底扫清体制性障碍，获取更大的发展。其实，我国经济领域的改革发展实践，已经为我们摸索了路子，做出了榜样。二十多年前从微观经济领域开始的改革，推动了计划经济体制向市场经济体制的转变，而在这个转变过程中，中国的政治制度也随之发生了极为重要的变化，政府不再全面控制社会的经济活动，社会中最重要的活动和最重要的资源也逐步脱离了政府的控制。更令人深思的是，市场化进程不仅改变了中国的经济结构，也改变了它的政治结构和社会结构，甚至改变了它的文化和意识形态。而且，这样的结果是我们所有人在改革开放之初所始料未及的，这个社会变革过程同时又是不以人的意志为转移的。经济基础决定上层建筑在这一过程中表现得淋漓尽致，这一点在文化体制改革和文化产业发展中应该引起高度关注，并充分地加以借鉴。

二、文化体制改革是文化产业发展的内在动力

改革开放以来，我国的经济持续快速增长，经历着机制转轨和社会转型的重大变革。党的十四大在总结改革开放十四年历史性变化并提出建立社会主义市场经济体制时，对经济体制改革和其他领域的改革提出了明确的要求："建立社会主义市场经济体制，涉及到我国经济基础和上层建筑的许多领域，需要有一系列相应的体制改革和政策调整。"二十多年改革开放伟大实践充分证明，我国文化赖以生存和发展的经济基础、体制环境、社会条件发生了深刻变化，我国文化发展在思想观念、管理体制、工作方式上，都存在着诸多不适应的地方。社会主义文化建设的问题，历史地摆上党和国家重要的议事日程，变成党和国家在改革发展进程中的一个重要问题，成为与经济建设、政治建设密切联系而且意义深远、要求紧迫、内涵丰富、任务繁重的一个重要问题。2000 年党的十五届五中全会明确提出要"完善文化产业政策，加强文化市场建设和管理，推动有关文化产业发展。"2002 年 3 月，中国《政府工作报告》在阐述如何"进一步解决经济发展的结构性矛盾和体制性障碍"的相关政策时，明确提出要"大力发展旅游业和文化产业"。这是继中共中央的"十五"建议和国家的"十五"规划纲要后，中国政府对发展文化产业的一次完整的政策表述，并且第一次明确文化产业发展在国家战略目标中的具体定位：中国文化产业是战略性调整中的中国改革的新的动力。2002 年 11 月，党的十六大又以前所未有的篇幅，在全面建设小康社会的宏伟战略目标中，明确提出发展文化产业是市场经济条件下繁荣社会主义文化、满足人民群众精神文化需求的重要途径。2007 年 10 月，党的十七大提出要兴起社会主义文化建设新高潮，推动社会

主义文化大发展大繁荣，大力发展文化产业，实施重大文化产业项目带动战略，培育文化产业基地和区域性特色文化产业群建设，繁荣文化市场，增强国际竞争力。这些，为我国文化产业的快速发展指明了方向，创造了难得的机遇和条件。

1．我国文化发展的背景、基础及政策目标已经发生了根本的变化。

伴随着改革开放的逐步深入和国民经济的快速增长，我国正经历着从计划经济体制向社会主义市场经济体制的转变，经历着从传统封闭社会向现代开放社会的转变。总体上，我国经济和社会生活领域出现了三个根本性变化：第一是随着国民经济持续快速增长，人民群众生活水平迅速提高，居民消费结构不断升级，长期以来困扰我们的物质产品的短缺已经被结构性过剩所取代，并逐步向服务类产品，特别是精神文化的消费服务类产品的短缺转移。第二是经过二十多年以市场为取向的改革后，文化市场日益扩展，在精神文化产品的生产和服务领域中，资源配置的基础性机制，正在从计划向市场转移。第三是我国已经加入了世界贸易组织，既表明市场经济在我国的主导作用，也表明在经济领域我国的全球化进程明显加快，在文化领域市场开放的时间表也已经为世贸组织协议所设定。正是这样三个根本性变化，是我们目前研究文化建设，推进文化体制改革，加快文化产业发展的宏观背景。

发展壮大文化产业，是当代科技进步和经济全球化条件下文化发展的一个重要趋势，是更好地满足人民群众日益增长的精神文化需求，全面建设小康社会的需要，是培育和弘扬民族精神，维护国家文化安全，实现中华民族伟大复兴的需要。当今世界，文化产业在社会生活和国民经济中的地位正在迅速上升，在许多发达国家文化产业已经成为国民经济的支柱产业和新的经济增长点。我国进入小康社会后，群众的文化消费趋于旺盛，文化娱乐支出比重增加，文化消费时间增多，文化消费总量迅速提高，群众对文化产品的选择性也日益增强。只有发展文化产业，不断形成多门类、多层次、多类型的文化生产和服务体系，才能从数量、质量、多样化等方面满足群众的文化需求。发展文化产业不仅有现实的经济意义，而且有重要的政治意义。在我国融入全球化的进程中，我国文化产业的起点低，市场化程度低，规模小，无论是在产业规模和结构上，还是在社会化和产业化的程度上，与发达国家相比都有相当大的差距。世界许多国家力图凭借其经济实力和文化传播优势，占领我们的文化市场，推销其政治理念、价值观念，对国家文化安全构成严重的威胁。

党的十六大提出要“积极发展文化事业和文化产业”，“促进文化事业全面繁荣和文化产业快速发展，增强我国文化的总体实力”，明确把文化产业的意识形态属性与经济属性分开，肯定了文化的经济属性，为文化事业和文化产业的发展提供了理论依据。党的十七大再次强调要大力发展文化产业。这标志着国家文化发展的目标政策，要实现三个重大的转变。一是从片面强调文化产品的意识形态属性，转变到既讲意识形态属性，又讲产业属性上来。把发展文化产业作为意识形态建设的主阵地，参与国际文化竞争，增强文化开发和创新能力，变文化资源优势为文化市场竞争优势，从根本上增强我国文化的实力和竞争力。二是从只抓文化事业转变到一手抓公益文化事业，一手抓经营性文化产业上来。在促进文化事业繁荣发展的同时，大力发展文化产业特别是非公益性的文化产业，满足人民群众的日益多样化的精神文化需求。三是从重视社会效益，忽视经济效益，转变到把社会效益放在首位，坚持社会效益与经济效益相统一上来。文化产业的发展不仅要跟上政治经济发展的步伐，满足人民群众日益增长的文化需要，还要为政治经济的发展提供思想保证、精神动力和智力支持。

2. 推进文化体制改革是社会主义文化建设的迫切要求。

党的十六届四中全会把提高建设社会主义文化的能力，作为当前和今后一个时期加强党的执政能力建设的重要任务，这是我们党对加强党的执政能力建设的新认识，充分反映了我们党对执政理念、执政方略、执政资源、执政基础、执政方式等内容的科学把握。文化资源是我们党的重要执政资源，文化基础是我们党的重要执政基础，文化执政是我们党的重要执政方式。我们必须充分挖掘利用我们丰富厚重的文化资源，牢固掌握实力强大、充满活力的文化基础，推动中国文化昂扬奋进，代表中国文化前进方向。提高建设社会主义文化的能力，必须深化文化体制改革，逐步建立代表文化前进方向，与社会主义市场经济体制相适应，与社会主义政治体制相协调，符合社会主义精神文明要求的文化体制。

我国原有文化体制具有高度的集中性、高度的计划性。在社会主义市场经济体制下，市场在国民经济和社会事业各个领域的资源配置中发挥着越来越重要的基础性作用，极大地提高了资源配置的质量、效益和速度，拓展了精神文化产品的创作、生产、流通和消费空间，也给现有的文化生产和管理体制带来巨大冲击。而我们在许多方面还习惯于用计划经济的手段管文化、办文化，把经营性文化产业混同于公益性的文化事业由政府包揽，并游离于社会主义市场经济体制之外，缺乏活力和竞争力，尚未走上良性发展的轨道。文化领域一些深层次的问题和体制性障碍进一步凸显，原有文化体制与社会主义市场经济体制不相适应，严重制约文化生产力的发展。

第一，文化宏观管理不科学，效率低下。文化生产的意识形态属性很强，习惯于自上而下进行部署安排和管理监督，对文化建设统得过多过死、管得过多过杂，而且经常是“管”“办”结合和条块分割、多头管理，没有充分调动发动基层和其他领域参与文化建设的积极性和主动性，没有充分尊重和保障文化企事业单位和文化专业人才的责权利，没有积极发挥文化市场对文化资源配置的基础性作用。致使文化建设总体投入不足、文化基础设施建设薄弱，文化事业、文化产业总体实力不强、生产结构不合理，文化市场分割零碎、管理混乱，地方保护主义和部门保护主义严重，文化生产经营机制不健全，文化企事业单位缺乏生机活力和市场竞争力。

第二，文化行政管理主体缺位，职能不清。我国现行文化管理体制仍带有较重的计划色彩，是一种“微观管理”，而且仅仅局限在政府兴办的文化事业领域，政府文化管理部门既当裁判员又当运动员、既当管理服务者又当生产经营者，对社会公共文化事业缺乏及时有效的管理引导和支持投入。导致文化产品数量不多、质量不高、结构单一，不能充分满足人民群众日益增长的多方面、多层次的文化需求，而且文化产品的样式、风格、趣味在广大人民群众中不受欢迎、缺乏亲和力，许多文化生产领域出现了“政府是投资主体、评奖是主要目的、领导是基本观众、仓库是最终归宿”的奇怪现象。国办文化单位养尊处优，民营文化单位受到歧视排挤，文化中介机构发育不全，文化产业组织体系不够健全。

第三，文化单位管理不科学，缺乏活力。文化企事业单位特别是文化事业单位属性不明确，市场主体地位没有确立，法人治理结构不完善，文化企事业单位责权利不明确，人事制度、分配制度不合理，生产经营机制不科学，抑制了文化单位干部职工的积极性、创造性和主动性，导致文化生产水平低下。此外，由于对经营性文化企业和公益性文化事业单位划分不清，造成了文化企事业单位事实上的不平等。一些文化企事业单位一方面尽力争取和充分享受政府投入支持，另一方面却又能充分占有市场所得利益；另一些文化单位既没有政府投入支持，又不具市场竞争力，陷入举步维艰的地步。

应该说，我国文化体制存在的弊端在改革开放之初就已引起了党和政府的重视，并以文艺体制改革为先导积极探索、争取突破。1983 年，六届全国人大一次会议指出："文艺体制需要有领导有步骤地进行改革"。党的十四届六中会会在部署精神文明建设时，也专门提出加快文化体制改革的问题。1985 年和 1988 年，国家关于艺术表演团体的改革先后发过几个文件。1997 年 1 月颁发《中共中央关于进一步做好文艺工作的若干意见》。然而，由于当时的文化体制改革主要是针对文艺表演团体内部人事制度、分配制度、生产制度等进行调整变革，特别是没有理顺党政部门文化职能职权，没有厘清各级党政文化领导管理部门和各文化单位的关系，没有建立良好的生产经营评价体系、调控引导服务体系、相应的法律法规体系，所以文艺表演团体的体制机制改革成效并不明显，没有实现根本性、实质性的突破。文艺体制的改革情况如此，整个文化领域的体制改革情况更是严重，整体的文化体制改革滞后于经济体制改革。造成我国优良的文化资源大量集中于国有文化单位，国家的文化资源大量闲置，文化资产运作水平和效率低下。文化管理体制存在种种"越位"、"缺位"、"错位"的弊病，导致文化产品生产和流通环节过多，阻碍社会资本进入文化投资领域，文化产品与服务出现"战略性短缺"。因此，必须把文化体制改革作为文化产业发展的内在动力，克服发展的体制弊端和机制障碍，解放和发展文化生产力。

3．发展文化产业是文化体制改革的突破口。

在社会主义市场经济条件下，我们形成了新的文化发展观。文化产品、文化服务的社会作用往往是通过市场体现出来的；文化产品和服务只有在文化消费市场上实现自身价值，被广大人民群众接受，文化的意识形态属性才能充分体现出来。文化体制改革的对象既针对公益性文化事业单位，也针对经营性文化产业单位，既面对国办文化单位，也兼顾民营文化单位和其他民间文化力量。只有大力发展国办、集体、民营以及其他形式的文化单位，鼓励和提倡单位人、社会人、合作人以及外籍人等多种身份共同参与文化产业，才能生产出丰富多样的文化产品和提供多方面的文化服务，满足多方面、多层次的文化需求，进而壮大我国文化的整体实力。文化企事业单位必须充分考虑到广大文化消费者的需求，必须降低劳动生产成本，必须提高科技含量，必须在人事制度、利益分配等方面进行新的调整，才能得到较好的生存和发展空间，形成具有自主独立性的法人治理性结构，逐渐转换成符合现代企业制度要求的文化生产经营单位。

文化体制改革与文化产业发展是相辅相成的。一方面，文化体制改革促进文化产业的发展，另一方面，文化产业的发展又推进文化体制改革。如果充分认识文化的双重属性，正确把握文化产业经济效益和社会效益的辩证关系，积极看到文化产业对于文化发展的巨大推动作用，对于增强我国文化实力和竞争力的巨大好处，对于全面建设小康社会的巨大作用，那么，必将反过来促进人们努力推进文化体制改革，促使我国宏观文化管理体制和微观运行机制更加合理有效，更为适应我国改革开放和现代化建设的需要。当前的文化实践已经对此做出有力的证明。综观当前从中央到地方的文化体制改革探索实践就会发现，深化文化体制改革的程度与文化产业的发展速度已历史地联系了起来，呈现出科学合理的正比促进关系。在很大程度上，我们可以认为，发展文化产业本身就是文化体制改革的有机构成，是推进文化体制改革的最佳切入点。产业发展带来的观念更新、认识转变，以及对文化的再认识，深度和广度都是空前的。正是有了文化产业的发展，才会使人们更加深刻认识到解放和发展文化生产力的紧迫性，也才会使传统文化体制不适应现代市场经济发展、阻碍和束缚文化生产力发展的种种弊端更加突出地暴露无遗，进而使文化体制的深入改革成为无法避免的历史必然。在这个意义上可以说，文化产业的发展既是文化体制改革的原因，又是文化体制改革的结果。在解放和发展文化生产力这个共同点上，文化体制改革与文化产业发展得到了有机的辩证统一。

在紧锣密鼓地开展文化体制改革试点工作中，在中央和地方出台的一系列相关文件中，都非常重视支持文化产业的发展和经营性文化事业单位转型改制。这说明，文化产业发展到一定阶段，已经以举足轻重的态势全面融入文化体制改革，成为推动文化体制改革的重要杠杆，使文化产业能够最终喷薄而出与文化事业一道，担当起繁荣社会主义文化、满足人民群众日益增长的精神文化需求的历史重任。文化产业与文化事业既互相渗透又两水分流的格局，构成了文化体制改革的二元轨道；文化产业直接提出的文化生产关系适应文化生产力的要求，成为文化体制改革的重要推动力；文化产业使文化的商品和产业属性得到彰显，使文化的经济价值得以实现，从而使文化产业的发展成为文化体制改革与经济体制改革的对接点。

以广播影视业为例。我国传媒业长期以来受到有关部门的严格控制，社会资本进入这个行业的政策壁垒森严。广播影视按行政区划设置，基本实行计划体制，不区分经营性文化产业和公益性文化事业，条块分割严重，影响和制约了广播影视产业的发展。2004年初，国家广电总局发布《关于促进广播影视产业发展的意见》，明确要求加大广播影视市场的开放力度，逐步放宽市场准入，吸引、鼓励国内外各类资本广泛参与广播影视产业发展，不断提高传媒产业的社会化程度。因为近几年来，随着消费群体要求的提高和国外电视节目的逐渐侵入，创作高质量的作品和提供多样化的节目成为很多经营主体面临的重要任务。广电资源是一种稀缺资源，对民营资本具有相当的吸引力。正是在这种情况下，部分民营资本通过多种可能的方式介入了部分影视节目的制作。不少经营主体如湖南卫视、中央电视台等都已经有意识地引入了一些社会资本参与节目制作，“幸运52”和“天天饮食”就是其中的两个例子。《关于促进广播影视产业发展的意见》的出台将打破媒体封闭和垄断经营的局面，为相当一部分媒体的转制发展提供政策依据和运作舞台，为企业参与经营性传媒的运作提供了现实可能性和可行性，对传媒业的发展具有深远的意义。

三、文化体制改革的方向与途径

以大力促进文化产业的发展为突破口，深化文化体制改革，是当前和今后一个时期我国必须着力解决的一个关键问题。要以“一切妨碍文化生产力发展的思想观念都要坚决冲破，一切束缚文化生产力发展的做法和规定都要坚决改变，一切影响文化生产力发展的体制弊端都要坚决革除”的勇气和决心，突破文化产业发展的观念障碍和体制障碍，最大限度地解放和发展文化生产力。

1. 文化体制改革的目标与任务。

党的十六届三中全会明确提出文化体制改革的方向是："按照社会主义精神文明建设的特点和规律，适应社会主义市场经济发展的要求，逐步建立党委领导、政府管理、行业自律、企事业单位依法运营的文化管理体制。""经营性文化产业单位要创新体制，转换机制，面向市场，壮大实力"。

党的十六届四中全会明确提出，深化文化体制改革，解放和发展文化生产力，是提高建设社会主义文化能力的重要方面。为此，要根据社会主义精神文明建设的特点和规律，适应社会主义市场经济发展的要求，以发展为主题，以体制机制创新为重点，以满足人民群众日益增长的精神文化需求为目标，健全文化市场体系，增强微观活力，依法加强管理，促进文化事业的全面繁荣和文化产业的快速发展，增强我国文化的总体实力。要推动中华文化更好地走向世界，提高国际影响力。要抓好队伍建设，引导文化工作者深入实际、深入生活、深入群众，为人民奉献更多无愧于时代的精神文化产品。要加强文化发展战略研究，抓紧制定文化发展纲要和文化体制改革总体方案。要坚持把社会效益放在首位，实现社会效益和经济效益的统一，把文化发展的着力点放在满足人民群众精神文化需求和促进人的全面发展上。

2. 文化体制改革面临的主要困难与障碍。

"改革是一场革命"，文化体制改革在当前复杂的国内外形势下，更是一场深刻的革命，是各方面利益关系的调整，目前还面临着诸多困难和障碍，必须切实解决和克服。

一是思想观念的障碍。主要是计划经济体制使我们的观念太旧、包袱太重、人才太少。对世界文化发展的了解和交流很少，文化体制改革的理论研究和实践探索不足。文化单位从业人员习惯于“等、靠、要”，缺乏自主自立意识、创新开拓意识和竞争效率意识，不愿闯市场、害怕闯市场。对文化产业的定位，对文化产业与文化事业的关系，对文化的意识形态属性与经济属性的关系等，很多人依然沿用过时的理论和体系。对文化建设的重大意义和紧迫性认识不足，担心文化的产业化发展会削弱马克思主义的意识形态指导地位，削弱国家对文化领域的控制力。怀疑文化产业的发展前景，怀疑文化产业能够成长为新时期的支柱产业并带动传统产业及服务业快速发展。为此，必须把思想统一到中央的部署上来，充分认识深化文化体制改革的重要性和紧迫性，正确认识文化事业与文化产业的关系。不仅从经济上充分认识文化体制改革和发展文化产业的意义，而且从政治上、文化上充分认识它在保护民族文化安全、提升民族文化地位的政治文化意义。

二是利益关系调整中的矛盾。文化体制改革和文化运行机制的创新，必然要涉及到文化行政管理体制改革，必然要调整一切不合理的利益关系，必然要涉及到因文化权力而带来的文化利益的重新分配。无论克服和解决由行政条块分割的管理模式，还是克服和解决文化事业单位“管办不分”的经营模式，都要调整不合理的关系，加大了改革成本。这种成本既包括经济投入、从业人员更新等显性的成本，也包括转变观念、参与市场竞争等隐性的成本。各级文化行政管理部门和国办文化企事业单位一定要树立大局意识，做文化改革发展的促进派，不能因为局部利益、眼前利益、部门利益、单位利益而损害整个中国文化改革发展的整体利益，影响中国文化产业的全面繁荣发展。

三是市场力量相当弱小。以市场为导向的文化体制改革，要打破长期形成的阻碍改革的力量，建立符合社会主义文化建设规律和市场经济发展要求的产业体系和管理体系，必须要有一股强大的支持力量。我国的传统文化产业诞生于计划体制之下，长期以来既被行政体制分割又被各种政策保护。在这种情况下形成的总体格局，表现出经营单位众多，产业集约化程度不高，资源极度分散和不讲经济效益的突出特点。作为文化生产和服务提供主体的国有文化单位，大多建立在财政拨款的基础上，并以一定级别的行政机构为“上级单位”，这种关系因为彼此依存而很难改变，大都规模弱小、重复建设、效益低下，很难自然地经过市场淘汰或者进行整合重组，既不能满足人民群众的精神文化需要，又造成了资源的闲置和浪费。尽管近年来不断对文化管理体制进行改革实验，民间文化企业也有很大的发展，但是市场力量弱小、市场体系不完善的基本状况并没有得到根本性改变。

四是文化体制改革的环境日益复杂。随着我国改革的深入和加入世界贸易组织，改革成本进一步加大，企业倒闭和工人下岗失业，国际经济发展变数过大，给中国拉动经济内需的努力形成更多的障碍，公众文化消费更趋谨慎，文化产品结构的供求不对称，将进一步导致大众文化消费疲软，如何拉动文化内需成为影响中国文化产业发展的重要问题。现代文化产业是文化和高科技联姻的产物，并以成熟的资本市场为基础，对我们而言还是一个新兴事物。改革要实现的目标，不仅涉及现行文化体制内的利益调整，而且涉及体制外资本市场、现代技术以及人力资源等方面的调整，改革的约束因素因此非常庞杂，难度可想而知。

3．文化体制改革的主要内容。

按照文化体制改革的目标和要求，文化体制改革的主要内容包括：

第一，建立科学的管理体制。要切实加强和改善党对文化工作的领导。各级党组织要从政治上、思想上、理论上加强对文化工作的指导，坚持党管方向、党管干部、党管重大事项决策，确保文化建设沿着正确的方向健康发展。同时进一步理清党委和政府的文化职能，形成党委领导、政府管理的职能关系。要进一步理顺政府与文化企事业单位的关系。按照政事分开、政企分开、企事分开的原则，进一步转变政府职能、合并政府职能，使政府从具体的事务管理中解脱出来，把主要精力转到管宏观、定政策、做规划、抓监管上，转到依法行政、社会管理和公共事务上。文化经营企业同文化行政管理部门脱钩，作为独立法人自主经营、自我发展，实现文化产业的市场化运营。健全文化行业组织，增强它们的服务功能和自律功能，形成自我管理、自我监督的局面。

第二，建立高效的文化企事业单位内部管理机制。经营性文化单位要在坚持正确导向和遵守国家法律政策的前提下，按照建立现代企业制度的要求，健全法人治理结构，真正成为独立核算、自主经营、自我发展、自我约束的市场竞争主体。报社、通讯社、电台、电视台、期刊社和大型文化集团等单位，要继续深化内部人事制度、劳动制度、分配制度改革，实行全员聘任制、劳动合同制和资产经营责任制等，能上能下，能进能出，奖优罚劣，优胜劣汰，充分调动和发挥全体职工的积极性、创造性。

第三，建立科学的文化投融资体制。要把单纯依赖政府投资的方式变为投资主体多元化格局。政府投资主要用于公共文化事业建设，同时用于扶持文化产业的发展。既鼓励和吸纳社会资本进入文化产业发展领域，引导和支持非公有制经济发展文化产业，也鼓励和吸引社会资本参与和支持公益性文化事业建设。按照谁投资、谁决策、谁收益，谁承担风险的原则，在巩固发展国有经济，发挥国有文化企业主导作用的基础上，进一步放宽市场准入，鼓励社会资本进入法律法规未明令禁入的文化产业领域；大力营造非公有制经济发展文化产业的良好法制环境和市场环境；继续深化体制改革，引导和支持非公有制经济参与国有文化单位的重组改造；打破所有制界限和地区、部门、行业壁垒，让非公有制文化企业与公有制文化企业享有同等待遇等。

第四，建立完善的文化市场体系。遵循文化市场自身的发展规律，结合人民群众的精神文化需求，拓展文化市场，改善文化市场结构，健全文化市场体系，运用现代市场组织形式和营销方式，努力形成传播健康精神文化产品、促进资源优化配置、竞争有序的市场环境。按照一手抓繁荣、一手抓管理的方针，完善管理机制，整顿市场秩序，维护合法经营，保护知识产权，打击文化侵权行为，为文化的健康发展创造良好的市场环境。

第五，建立完备的文化法制体系。要以宪法为根本、法律为主干，使法律、规章、政策相互配套、协调统一。当前要抓紧制定和完善促进改革开放、加强宏观调控、规范市场秩序、保护知识产权和民族民间文化遗产、维护公民文化权利等方面的法律法规，做好与有关国际规则相衔接的法律法规修订工作。要健全法律监督机制，提高文化执法水平。

第六，实现文化产品生产以及文化服务提供的多样化。文化产品和服务结构单一并长期游离于市场之外，导致人民群众文化消费贫乏，是传统的计划性极强的文化体制的直接结果之一。随着人民群众精神文化消费需求的日益多样性和多层次化，要求文化市场除了提供更多的公共文化产品和服务外，还必须提供更多的个性化文化产品和服务。这就对文化体制改革提出了极为迫切的要求。只有不断进行体制和机制创新，培育多元化的文化市场竞争主体，实现文化建设投资主体的多元化，才能使文化产品生产、文化服务提供真正以市场为导向，以满足人民群众的精神文化需求为导向，才能生产和提供更多更好的贴近实际、贴近生活、贴近群众的文化产品和服务。

4. 文化体制改革的政策措施。

文化体制改革是一个系统工程，涉及面广，工作千头万绪，必须抓住关键环节，找准改革的着力点和切入点。构建政策法规体系是文化体制改革的前提，推进机构改革与职能转变是文化体制改革的核心内容，发展文化产业是文化体制改革的突破口，塑造文化市场的经营主体是文化体制改革的关键，拓展资本市场是文化体制改革的催化剂，发展文化中介组织和文化人才培养工程是文化体制改革的重要环节。

第一，把文化体制改革与文化产业发展纳入国家改革发展的整体规划，抓紧制定文化发展纲要和文化体制改革总体方案。我们今天对文化市场和文化产业的认识，以及依此制定的文化产业政策的合理性，将影响着今后相当长一个时期我国文化产业的发展，并还会进一步影响我国整个经济结构的调整和升级。例如目前我国文化事业单位逐步与行政主管部门脱钩，实行“专业归口管理”，但离真正的市场竞争主体还有相当的距离。在加入WTO的形势下，在国际性“传媒汇流”趋势的影响下，一些广电、报刊、出版企业在地方政府的协调下成立了集团公司，但一些企业利用与行政机构的传统联系，利用企业特殊的社会公益性质和意识形态功能，垄断资源，操纵市场，牟取暴利，破坏公平竞争，这些问题值得深入研究。必须把文化体制改革与文化产业发展纳入国家改革发展的整体战略之中，消除经济体制、政治体制和文化体制改革之间的政策鸿沟，加强文化体制改革和文化产业发展的战略研究，抓紧制定文化发展纲要和文化体制改革总体方案。

对文化产品和服务进行科学的分类，按照文化产业发展的特点和要求，抓紧制定和完善文化产业政策，制定和完善政府文化行为的管理办法，健全相关法律法规。

第二，推进机构改革与职能转变。强化政府对文化市场的统一管理职能。必须正视我国文化管理实行党政二元结构管理模式带来的弊端，正视不同的政府机构分管文化事业、按照行业共同管理文化建设带来的严重问题，真正按照社会主义文化建设的特点和规律和社会主义市场经济规律，针对当前存在的问题，大力推进机构改革与职能转变，统一文化行业管理，明确党委宣传部门和政府文化行政部门的职责与权限。实行政事分离、政企分开，按照市场经济的法则来规范政府文化行政部门的行为。比如，可以将文化与旅游部门进行新的合并和整合，以便将文化遗产的保护和开发统一在一个行政部门内部，减少冲突与摩擦，提高管理效率；可以将广电与报纸等媒体部门进行整合，以便实现资源共享，扩大覆盖面。从过去单一靠行政管理转变到依靠法律、行政、经济、舆论等手段相结合的综合管理，保护合法经营，特别是保护知识产权不受侵犯。

第三，大力发展文化产业，突破体制障碍和机制束缚。文化体制改革要围绕促进文化产业发展，把文化产业作为文化建设的载体，从产业形态、发展要求上解决文化体制存在的问题，以产业的发展来带动改革。各地要组织力量对当地的文化资源进行全面的调查和评估，以当地的自然、人文和社会环境为基础，制定产业发展规划，明确文化产业的发展方向和发展步骤，以特色创名牌，以优势争市场，要实施优势文化产业发展战略，发展和创新文化品牌，扶持文化龙头企业。文化产业的核心竞争力在于一个国家对于文化资源的拥有和掌控程度，而决定文化资源价值量的核心要素在于特色，没有明显的先进和落后之分。因此，只要立足优势，政策得当，各地完全可以在文化产业上做大文章，以产业的发展推动体制改革。

第四，以市场为中心，塑造文化市场的经营主体。政府要本着有所为、有所不为的原则，退出竞争性行业，同时避免使用垄断性的保护政策，让企业在公开、公平、公正的环境中提高自己的竞争力，展示自己的经营能力和企业形象。把深化文化体制改革与调整经济结构、促进文化产业发展结合起来，理顺政府和文化企事业单位的关系，深化文化企事业单位内部机制改革，逐步建立有利于调动文化工作者积极性，推动文化创新，多出精品、多出人才的文化管理体制和运行机制。要加快资产重组和结构调整，优化国有文化资产配置，理顺国有文化产业单位产权关系，促进产业升级，使不同经济成分的文化企业，都能在激烈的市场竞争中求得发展。组建文化产业集团是提高文化产业竞争力的重要途径，是文化体制改革的关键，是实践先进文化思想的助推器。因此，必须遵循文化企业的特点和规律发展文化产业集团，推进经营性文化产业单位的改制和公司化改造进程，促进文化企业的产权交易和业务、资本重组，尽快形成一批符合资本市场要求、具有竞争力的现代文化产业市场主体；组建文化产业控股公司、文化资产经营公司、文化产业投资公司等投融资主体，为文化产业与资本市场对接奠定基础。

第五，拓展资本市场，实现文化产业与资本市场对接。资本市场是配置资源、推动发展的重要途径和手段，对文化产业的发展特别是文化体制改革具有重要意义。要打破垄断，出台鼓励政策，吸引社会上的非文化企业、非公有经济和境外资金进入文化产业，利用投资控股、金融信贷、资本融资等形成文化产业的综合性的投资和融资格局，形成不同经济成分并存的市场竞争格局。我国文化体制改革正处于试点过程中，以实现文化产业与资本市场对接为核心的文化投融资体制创新，将可能成为我国文化体制改革的又一个突破口。在确定文化产品和服务基本属性的基础上，还要确立相应的投融资的准入机制。对于可以产业化的文化产品和服务行业或单位，应向社会资金开放。鼓励和引导各种社会资本进入国家鼓励发展的文化领域，消除对非国有经济成分进入文化产业的歧视和限制。加大对社会投资的政策扶持力度，对社会投资实行与国有投资一视同仁的政策待遇。文化企业要实现与资本市场对接，就必须按照资本市场的要求进行改革。鉴于目前国有文化企业集团在文化产业发展中处于主导地位，应当构造一批以国有资本为主体的文化投融资运营主体，促使其在文化市场的投融资，跨地区、跨行业的结构调整和文化资源整合中发挥重要作用。

第六，发展文化中介组织，实施文化人才培养工程。建立健全文化中介组织不仅是文化体制改革的重要环节，也是文化产业发展规律的内在要求。要注重培育文化中介组织，充分发挥文化中介机构的作用。以国有艺术表演团体改革为契机，建立和完善各种形式的面向市场的演出中介机构。大力发展文化策划咨询、演出、展览、艺术品销售拍卖、影视、演艺制作方面的中介机构，引导它们按照文化艺术规律和市场经济规律，拓展文化营销服务。积极鼓励形成有利于发展舞台艺术的组织形式。鼓励文字作品代理公司、艺术人才经纪公司等中介机构的建立、发展。建议将作协、文联、社科联等部门的部分功能转化为社会中介机构。建立、健全艺术品经纪人制度，促进艺术交流，保护艺术精品，建设健康、有序、繁荣的艺术品市场。创造有利于人才脱颖而出的体制和机制推进文化产业的人才培训和引进工程，允许和鼓励具有自主知识产权的人才创办文化企业，或占有企业股份，参与利润分配，使其价值得到充分体现。

第五章
政府在文化产业发展中的角色与定位

一个新兴产业的培育和成长壮大，离不开政府的支持和引导。文化产业在世界各国发展之初，政府均在其中发挥了重要作用。文化产业作为我国经济领域的崭新事物，政府的推动作用更是必不可少。准确定位政府在我国文化产业发展中的角色，并充分正确地发挥应有的作用，是文化产业能否成长为我国新的经济增长点的关键之一。

任何时代的文化发展，都反映着当代生产力发展的水平，也反映着政府管理的水平和效率。一般说来，一定的社会经济体制和行政管理体制，既决定着文化产业的总量和结构，又决定着其生产方式和发展水平。只有在适当的文化行政管理体制下面，文化产业的产业规模、发展水平、运营机制、管理方式才能适应生产力发展的要求，实现快速健康的发展。在中国特色的政治体制下面，讨论“政府”对文化产业发展的作用，意义不同于一般的政府概念，而是指对文化行使管理职能的党组织、立法机构、行政组织及其部门这样的大政府概念。

一、正确认识政府在文化产业发展中的作用

在我国现行体制下，产业架构与扩张的动力既来自社会对产业发展的需要，也来自政府为发展经济而制定的规划目标。从世界范围来看，一个产业的产生、发展、壮大，必须有来自政府的扶持和引导。尤其在新的产业发展初期，政府的作用更是不可或缺。把不同产业发展主体的不同利益、价值取向凝聚为共同方向，使产业的发展由自发转向自觉，不断形成产业集群，离开了代表社会公众利益并行使权力的政府的作用，几乎是不可能的。同时，不断培植新的产业，培育新的经济增长点，推进经济社会的全面发展，也是政府义不容辞的责任和义务。在一定意义上，任何一个产业的发展扩张速度是与政府的重视程度成正比的。改革开放以来中国经济快速增长的一个重要原因，就是政府的强力推动。在文化产业领域，由于企业主体市场化程度低，文化市场发育不充分，进行产业扩张的动力和能力都略显不足。所以，政府采取适当的行政和经济手段，对文化产业加以引导和扶持，是文化产业发展壮大的基本前提。

在社会主义市场经济条件下来认识政府对文化产业发展的影响，首先可以从政府与市场的关系中来认识。政府的公共行政职能问题是一个与国家现象同样久远而复杂的问题，自亚当·斯密创立以“经济人”理性假定为基础的自由主义经济学以来，关于“看得见的手”与“看不见的手”的争论就一直是西方经济学不变的研究主题，进而从根本上涉及到现代政府的经济职能问题。一般地，人们使用“市场失灵”与“政府失灵”来概括政府与市场的关系，即市场机制在配置资源时存在许多的局限或缺陷，因而不能达到帕累托最优，不能实现预期的社会经济目标；而政府的政策干预措施不能实现预期的调节市场的作用，在某些条件下甚至导致比“市场失灵”更坏的结果。总之，政府的经济职能问题是一个十分复杂的问题，在不同国家的不同时期，完全有不同的认识，无论在理论界，还是在实践领域，都还没有一个明确而统一的认识或界定。

因此，政府对于文化产业发展的影响，相同的政策在不同的环境中一样会产生不同的影响，甚至是相反的结果。而文化产业与一般的物质生产领域相比，是一种特殊的产业，其产品是为了满足人们的精神文化需求，其生产具有极强的创造性和个性，生产者必须是文化人力资本的拥有者，劳动者必须是具有创造或创意才能的个体。尤其是文化产业要通过创造供给来培育和引导消费需求，在文化产品未被生产出来之前，市场对此的需求是难以判断的，投资文化产品是要承担高市场风险的。在这个意义上说，分析政府对于文化产业的影响是困难的，也无法给出一个确定的答案。但是我们可以在宏观上，从产业发展的角度，从以下几个方面来分析政府在文化产业发展中的作用。

1．政府对文化产业的推动作用。政府建立了适应文化产业发展的体制和机制，采取并推行了适当的文化产业政策，就会对文化产业的发展产生推动作用。这种积极的作用，既包括政府在一定时期实行积极的政策，采取各种手段扶持文化产业发展，也包括政府在一定时期实行消极的政策，对文化产业提供宽松的、自由的发展空间，使得文化产业按照经济规律得到较大发展。政府通过制定和完善政策法规来规划引导文化产业，给文化产业的起步和发展提供政策支持。政府建立起完整的国家文化产业政策系统和法律系统，建立起公开、透明、非歧视的文化市场准入机制，和公平、公正、自由竞争的文化产业生态环境，就为文化产业的发展壮大提供全面、系统的法律保障机制和政策支持系统。从培育产业的角度，加强规划引导，提供政策建议，明确政策导向，充分运用财政、金融、行政、立法等手段来调控文化产业的发展方向，实现对文化产业中不同行业发展的调控。政府运用财政、金融等手段支持文化产业发展，让文化企业在市场竞争中，提高自身的经营管理能力，提高文化产品和服务的质量。在依法维护文化市场秩序和实行有限文化产业领域国家专营的同时，进一步放宽市场准入条件，实行文化产业的反垄断。调整产业结构，引导文化产业进行深度整合，同时，以资产为纽带，积极组建大型文化产业集团，形成跨地区发展和多媒体经营，推动我国文化产业走向世界，参与国际竞争。如美国、法国、日本等西方各国普遍以营利和非营利为界限对各类文化产业实行区别对待的政策，政府基本的态度是放手让其自由竞争、自由发展，管理的手段主要是通过制定和实施相关的文化经济政策，在投资和税收等方面区别对待，运用经济和法律手段对其产业结构进行调控。该保护发展的财政大力支持，该放开搞活的确保经营自由，有利于调控产业结构，使各类文化产业都能得到发展，这一政策对促进文化产业发展发挥了积极的作用。

2. 政府对文化产业的阻碍作用。政府建立了不适应文化产业发展的体制和机制，采取并推行了强硬的、宽领域和全方位的文化产业管理政策，就会对文化产业的发展产生负推动作用。这种消极的作用，既包括政府在一定时期实行强硬的管理政策，政府保护和政府垄断盛行，压制了人们的精神文化需求和文化市场的发育，也包括政府在一定时期实行扶持和干预的政策，而这种扶持和干预违反了经济发展规律和文化产业发展的规律，造成文化产业在短期内的畸形发展和虚假繁荣，最后这种状况因无法维持而导致文化产业的萧条。我国传统的文化体制实行计划管理模式，就是所谓“事业单位体制”，其运行模式是“财政支持型”、“社会福利型”，俗称“政府办文化”。出于当时的需要，只强调了文化作为思想道德教育手段和国家意识形态的属性，忽视乃至排斥了文化作为消费产品的商品属性，忽视乃至排斥文化产业在发展现代经济，以至于发展现代文化中的积极作用。改革开放二十多年来，我国文化产业的发展经过了以“文化事业”为基本特征的初期发展阶段，以“事业单位，企业管理”为基本特征的探索发展阶段，但在人民群众日益增长的精神文化需求面前，在“发展”、“转型”、“入世”三大任务面前，呈现出巨大的结构性供需缺口。进入新世纪，大力推进文化体制改革，我国文化产业进入全面提速和全面融入国民经济发展总体战略的新阶段。如韩国政府原来也曾经走过政府、银行扶持大型企业集团的路子，有些大公司靠银行和国家的支持迅速膨胀，但公司的核心竞争力并没有形成，实际运作能力不强，所以在亚洲金融危机当中纷纷倒闭，到金大中执政后改变原来的路子，积极鼓励、扶持文化企业自主创业，政府给予政策扶持和鼓励，对中小文化企业给予指导和帮助，就取得较好的效果。

3. 政府对文化产业发展的扶持。在扩大开放和我国加入WTO条件下，放宽文化市场的准入条件，允许国外文化资本和文化产品进入中国市场，都已经是不可回避的事实。从文化产品生产的角度看，文化产业作为一个经济现象已经不是一个国家所独有，文化市场也不是一个国家所能独占的。长期以来，我国很多人认为文化不创造经济价值，只是为政治服务的工具，因此扼制了文化产业的发展。中国的市场经济体制尚未成熟，市场机制还不完善，文化产业条块分割，行业壁垒森严，政府文化管理部门还没有完全从“管办不分”的管理模式中脱离出来，投资主体单一。我国文化单位多，规模小，难以形成产业化规模，文化经营组织的市场化、集约化、国际化程度不高，整体竞争力不强，中国文化产业仍处于稚嫩和弱小阶段，在产业规模、资金投入、市场运作能力、市场竞争能力等方面，不仅与发达国家文化企业有巨大差距，就是与国内的其他产业相比也存在相当的差距。在经济体制改革中，公有制实现形式的多样化已成为事实，而在文化体制改革中，可以说才刚刚起步。因此，起步阶段的文化产业需要借助政府的力量，要有政府政策的指导、扶持和倾斜。在全面调查和评估当地文化资源的基础上，政府要制定产业发展规划，调整财政投入结构和投入方式，适当增加用于扶持文化产业发展的政策性专项投入，通过差别税率等政策促进文化产业迅速发展，调控文化产业总量规模和水平。要推进文化体制改革和文化事业单位改革，鼓励各种社会资金投入文化产业，放宽和取消一些对非公有制经济成分投入文化产业领域的限制，培育真正的有市场竞争力的文化企业，提升产业竞争力。要鼓励组建各级各类文化产业组织、文化投资公司，形成投资主体多元化的新格局，创造有利于文化产业发展的综合性投融资手段和方式。对于新兴的有发展前景的文化产业项目实行低息或贴息贷款，安排一定的政策性贷款用于发展各类文化产业。

在社会主义市场经济条件下，在充分考虑文化产业的意识形态属性和社会效益的基础上，政府在文化产业发展中的角色定位，应当首先坚持文化市场最大化，保护领域最小化的原则，坚持市场主导的原则，让市场在资源配置中发挥基础性作用，政府的主要任务应该是努力营造更有效率的文化市场环境。基于此，政府在文化产业发展中的作用，主要是文化体制改革的推动者，即把文化体制改革纳入国家改革的整体格局，革除一切阻碍文化产业发展的体制和机制弊端；文化产业政策的制定者，即建立健全文化产业发展的政策和法规，引导和调控产业发展格局与发展方向，建立产业发展的政策支撑体系和法律保障体系；文化市场发育的管理者，即建立和壮大公开、统一、竞争、有序的文化市场，引导社会文化消费，打击危害文化市场健康发展的活动；社会文化产业发展的服务者，即提供产业咨询和产业信息，培养文化产业发展人才，创造文化产品和服务生产经营的物质市场与无形市场环境。

二、传统体制下政府角色的错位

现行文化管理体制是在计划经济基础上形成的，是一种政府主办和政府垄断性质的“事业单位体制”，其主要的特征：一是在对象上着重于管“脚下”，即管理的客体局限在政府兴办的文化事业领域，对社会其他领域的文化事业缺乏监管；二是在内容上着重于管微观，政府管理的范围延伸到文化产品的策划、生产和经营各个环节，甚至文化单位内部的人事安排，政府管得很多，管得很死，疲于应付而效果并不理想；三是在手段上主要靠行政，管理上行政力量过于强大，法律的、财税金融的手段很少运用或运用不充分。

这种管理体制在市场经济环境已经发育，社会资本已经流动，技术创新日益活跃，文化市场的产业链条逐步形成并延伸的形势下，显出种种“越位”、“缺位”、“错位”的弊病。在这种管理体制下，文化企事业单位存在政企不分、政事不分，自我封闭，条块分割，行政垄断，所有制构成单一，管理政出多门，文化企事业单位依附性很强，对市场不适应等等问题。长期实行的计划体制导致国家的文化资源大量闲置，文化资产运作水平和效率低下，造成文化供给不足以及文化产品与服务的结构性短缺。

计划经济体制下形成的政府文化管理模式，在文化产业加快发展的今天，已显露出种种弊端，概括起来至少有以下四个方面：

1. 管理体制僵化。政府对文化事业和文化企业单位的管理基本上不加区分，主要是按照管理行政事业单位的模式，实行统包统筹。政府既是主办者，又是管理者；既管文化单位，又管文化生产；既进行宏观管理，又进行微观运作。政府文化管理和文化法治行为系统没有建立，政府的主要注意力放在微观的生产和流通领域，而不是放在营造更有效率的文化市场环境上，政府文化行政部门各自为政并建立各自的管理制度和政策，文化管理的职能交叉和重复管理现象严重，部门保护主义相当普遍。各个部门分散管理，互相扯皮，矛盾甚多，严重阻碍着文化产业协调有序的健康发展。结果是对该管好、办好的公益性文化事业没有管好、办好，对不该管的经营性文化产业却又管得太多太死，严重抑制了文化企业的积极性。

2. 政府监管滞后。我们知道，文化事业面向社会，是为公众提供文化产品和服务，属于公共产品，有较强的外部经济性。而文化产业面向市场，它所提供的产品和服务是具有竞争性和排他性的。文化产品可以分为公共产品、准公共产品和竞争性产品，其提供者分别是政府或政府委托的机构、垄断性机构或企业、竞争性企业。由于过去我们对文化事业和文化产业没有做适当的区分，对文化产品没有合理的界定，对不同品种的文化产品不做具体的区别和对待，片面强调意识形态属性，忽视了它的商品属性。因此政府的文化管理边界不清晰，政府的文化管理手段单一，主要依靠行政的力量，法律的、财税的、金融的管理手段没有得到充分运用。政府对文化市场的管理，在前瞻性、战略性方面极为不足，缺乏必要的产业规划和产业引导，缺乏文化产业发展的公共服务，政府提供的多是事后的、纠错性的管理，疲于应付但效果欠佳，虽投入了大量的人力物力财力，但不仅没有解决好文化领域的旧问题，而且在不断出现的新情况、新问题面前束手无策。

3. 投融资渠道不畅。国家对文化单位实行无偿投资，只计投入，不计产出。由于长期不允许集体或个人涉足文化产业领域，文化企业扩大再生产所需资金受到很大限制。这种体制突出了文化生产的公益性和福利性，而掩盖和抑制了其产业经济属性。资本的本质在于追逐利润，我国文化产业长期游离于市场之外，文化产品和服务脱离市场需求，必然导致市场生存空间狭小，无法形成合理、有效的文化投融资机制。另一方面，大量文化事业单位的低效率运行和机构的浮肿，使得本已经紧张的文化建设经费更加分散，尤其是人力资本得不到更新和积累，而人员的创新能力下降，文化创新力衰退，又加剧了产品和服务竞争力的下滑。进而导致产品和服务市场中消费者不断流失，市场生存空间日渐狭小，经营性收入日益下降，内源融资的途径越来越难走通。文化产业的发展缺乏一种基于社会主义市场经济体制、并考虑到文化市场特殊性的现代投融资机制，在我国加入 WTO 使国内市场与国际市场已经贯通，产品市场与要素市场已经连接的情况下，不同产业环节“区别准入”和社会资本不能对产业核心资源控制的政策，已经极大地制约了文化产业要素市场的形成，已成为制约社会资本进入文化产业领域，实现文化产业跨跃式发展的重大障碍。根据有关研究，我国的资本市场目前已经有一批与文化相关类上市公司在运作，但是由于对业务环节进行了人为切割，没有将核心竞争力放入上市公司内，导致资本市场认可程度下降，近年来业务表现越来越差。

4. 市场培育缓慢。文化产业的基础是市场。无论是建设文化大省还是开发优势文化资源，无论是吸引社会资本进入文化产业还是培育文化支柱产业，都不可能是一厢情愿地闭门造车就能实现的，而是准确认识和把握文化产业的消费构成和市场需求，并使之与本地区优势文化资源相结合的过程。在传统的体制下，由于没有把文化生产力看做是社会生产力的重要组成部分，对经营性文化产业认识模糊，因而对发展文化市场顾虑重重，在培养消费者良好的文化品位，不断提高其消费文化产品和服务的水准方面有较大差距，没有一个成熟而庞大的消费者群体；由于市场的资源配置功能没有体现，缺乏相应的竞争和激励机制，文化产品和服务的经营者不能完全按照市场供求规律制定价格，文化产品也不能通过市场选择优胜劣汰，文化领域的资金、设备、技术、人才等要素无法得到优化配置；由于突出文化的社会效益而长期忽视文化的经济效益，丰富的历史文化资源无法有效地整合、开发和利用，造成文化市场发育不健全，文化产品不能满足社会需求。我国传统的文化事业单位是按“条块”分割的方式设立的，目前尽管已经在不同程度上开始与行政主管部门脱钩，但离真正的市场主体还有相当的距离。

三、政府正确发挥作用的重要机制：制定和完善产业政策

不断完善的政策法规，是文化产业健康发展的根本保证。文化产业的相关政策法规是文化产业发展的依据和导向，是文化产业发展的基本条件。反过来，文化产业的发展又促进政府的政策创新和管理创新。政府要真正在文化产业发展中发挥引导和扶持作用，其最重要的途径和选择就是，通过制定和完善政策法规来规划引导文化产业，为文化产业发展壮大提供政策支持。

1. 政策法规是政府促进文化产业发展的重要手段。政府的文化产业政策体现产业发展的导向，提供产业发展必须的环境，是政府履行公共管理和公共服务职能，促进文化产业发展和文化事业繁荣的重要手段。政府对文化产业发展的态度、导向、规范以及管理措施等，最终都要体现在政策法规当中，政府管理引导文化产业发展的理由、依据及至合法性，最终也要体现在政策法规当中。特别是在处于经济社会转型过程中的市场环境中，我国又具有长期对文化产业实行管制和以政策为主要管理手段的传统，政策法规对促进文化产业发展的现实意义就更加突出了。我国从20 世纪 80 年代开始进行文化体制改革，90 年代初期开始确立社会主义市场经济体制的改革目标，至今已经初步建立起了由一系列行政法规和规章构筑起来的文化产业政策系统，以及由这个系统建立起来的文化管理机制，包括：《著作权法》、《文化娱乐场所管理条例》、《演出市场管理条例》、《电影管理条例》、《出版管理条例》、《广播电视管理条例》、《音像制品管理条例》 等，基本上涵

盖了现行文化产业领域。目前，我国政府正在逐步加大文化管理体制改革的力度，在立法和法律修改方面做了不少工作，初步建立起对文化产业实施管理的一套政策法规体系。

2. 现有的政策法规已不能适应文化产业发展的形势。我国现有的文化产业政策法规体系，基本上都是在两种体制转型过程中制定和形成的，在以市场为导向大力发展文化产业和我国加入WTO的新形势下，这些政策法律越来越不适应发展的要求。

第一，政策法规的制定依据和价值设定发生根本改变。在传统的体制下，我们对文化产业和文化事业没有具体的区别，对发展文化产业存在疑虑，文化产品和服务游离于市场经济之外。管办不分，政府的角色定位不清，既是管理者，又是生产经营者。进入新的世纪后，这种情况已经发生了根本的改变，文化事业与文化产业的发展主体、价值导向、运行机制以及消费主体等已经在理论上初步厘清，在实践上逐步有了明确的要求，对文化产业中的竞争性行业和公益性行业实行不同的运营模式和经营管理方式，文化产业已经成为繁荣文化事业的重要途径，成为经济与文化互融共通进而实现经济社会全面发展的重要结合点。政府的职能要从过去的管办不分转到对基层公共文化服务和文化产业发展的规划、指导、协调、监督及管理上来，要革除制约文化发展的体制性障碍，建立科学合理、灵活高效的文化管理体制和文化产品生产经营机制，不能以文化产业的特殊性为借口而继续沿袭管办不分的老路。要把改变完善过去的政策法规作为发展文化产业的首要任务，彻底解决各行业自设藩篱，封闭运行，难以通过市场方式开发和利用社会资源，文化系统内外能量交换的失衡和补偿机制的萎缩等问题，进而打破当前文化产品和服务市场交易失衡与市场需求不足并存的局面。

第二，政策体系缺乏统一性和公平性。我国不同领域里的现行文化管理与文化产业政策主要是由政府的不同行政主管部门制定并以政府的名义发布的，整个政策体系的目标、功能及政府对社会文化资源的权威性分配缺乏公共性和公平性，政策的配套统一问题和价值导向问题突出，行业和部门的利益保护色彩比较浓重。近几年，政府有关部门适应新形势的要求，加大了文化体制改革的力度，文化产业发展的政策限制有了松动，积极实施行政审批制度改革，出台了一系列政策措施，降低了文化市场准入门槛，放宽了所有制限制，引导社会资本进入文化市场，也培养了一大批具有较强实力的文化企业。但是，这些措施并未从根本上解决我国文化产业发展在体制和制度上存在的行政垄断、市场准入、投资主体多元化、文化企业产权关系改革等根本性的问题，旧有的矛盾没有很好地消除，原有的文化政策系统并未因机构的改革和文化行政主管部门的合并而失去政策效能，还出现了新机构执行旧政策，“新瓶装陈酒”的现象，激起了一系列新的矛盾。在有的地方和领域，文化行政权力在资源重组和优化配置的名义下，出现了前所未有的高度集中，使得从计划经济向市场经济转型过程中制定的文化产业政策不仅没有失去原有的制度基础，反而获得了新的支持，加剧了文化政策法规体系的歧视性和不平等。

第三，立法层次不高，缺乏可操作性。我国对依法治文、依法行政的认识不足，文化法制建设十分薄弱，国家对文化事业的管理主要依靠政策号召和行政措施，而极少用法制手段引导、保障文化建设和文化活动。因为政府包揽一切，政府的政策和规定就是法律。近年来虽然有所改变，但由于管理体制不顺，文化艺术涉及面广，立法复杂程度高，缺乏专门人才等因素，影响了文化的法制建设进程。特别是我国文化管理领域有关部门各自为政的特点，体现在政策法规的文本上就是立法层次不高，法规体系不完整，与其他法规的协调性不够；体现在实践上就是管理和发展的思路不清晰，缺乏可操作性。对营利和非营利的文化产业，没有实行区别对待的政策，该保护发展的不能得到财政支持，该放开搞活的不能得到经营自由。文化管理的一些专项政策法规，如出版法、文化市场管理法、民族民间文化保护法、文化产业促进法等，要么尚未制定出台，要么其规章条款原则性太强，不便于操作和监督。而且绝大多数法规是行政部门制定的，立法机构在文化管理上严重缺位。在我国市场经济必须与国际惯例、国际公约接轨的条件下，这些问题显得尤为突出。

四、优化文化产业发展政策环境的选择

在我国的改革不断深化、社会主义市场经济体制日趋完善和加入 WTO 的形势下，在现代科学技术和国外文化产业的冲击下，我国传统文化管理制度的经济基础和技术基础已经发生了变化，人民群众文化权利的实现方式越来越从以国家行政机制为中介的非自主方式，转向以市场为中介的自主选择方式。这就要求我们积极探索在市场竞争条件下发挥传统政治优势、调控文化市场发展的新体制新办法。基本的改革发展方向，就是用法律来调整、规范和建立合理的政府与市场关系，市场在文化资源配置中发挥主导性作用，由独立于文化行政部门的公共立法机构和政策制定新机制取代原来由政府文化行政部门各自为政建立文化法规的模式，逐步实现文化法律政策的统一化，建立完整的国家文化产业政策系统和法律系统，理顺各种文化产业政策关系，理顺政府与文化企事业单位的关系，从而为文化产业的合理化进程提供全面、系统的法律保障和政策支持，探索建立新形势下党委领导、政府

管理、行业自律、企事业单位依法运营的宏观管理体制，积极推进文化体制改革和文化产业发展。

完善文化产业发展的政策法规体系，要以文化管理体制改革为动力，根据文化建设的规律和加强管理、加快发展的需要，尽快出台新的法律法规，修改和废止不相适应的法规，及时把有关政策通过法律程序转为法律法规，探索建立体现宣传文化特点、适应法制建设总体要求的政策法律体系，让政策法规涵盖文化产业的文化需求创意设计、文化产品制作传播、文化产品营销的全过程。

1. 以推进文化事业的产业化为目标，完善文化产业发展的体制政策法规。这主要包括文化产业发展促进法、文化产业发展中长期规划、文化事业管理法等内容。通过政策法规的规范，合理划分文化事业和文化产业，合理划分文化产业中的竞争性行业和公益性行业，从而实行不同的运营模式和经营管理方式，培育实行产业化经营的市场主体，推动营利性业务走向产业化经营的道路。要以立法的形式来明确市场经营的范围和政府扶持的边界，从法律上明确文化产业发展的目标、领域、范围等内容，实现文化产业经济效益的法律确定性和可预期性，确保文化产业和传统产业进入协调发展的轨道。要从发展壮大文化产业、繁荣文化事业的目标出发，加强规划引导，明确政策导向，加强对于文化产业发展现状、经验及规律的研究，积极推进政策创新，充分利用财政、金融、行政、立法等手段来调控文化产业的发展方向，实现对文化产业中不同行业发展的调控。宏观上的规范目标，一是对公益性文化事业，政府要加大投入力度，不断提高管理和运作水平。同时调整政府投入结构，完善投入方式，实现直接投资与间接投资相结合，日常财政拨款与项目资助相结合，增强导向作用，提高投资效益。二是对部分公益性或垄断竞争性文化企业，政府要确保主导地位，并逐步降低其“公益性”，提高其“经营性”。在政府独资或政府控股经营的前提下，应鼓励企业以市场为目标改善经营、加强管理、提高经济效益，政府作为出资人或者按股权比例分享企业利润。对企业以政策性、公益性为目标所支付的成本，政府可以以财政补贴的方式予以弥补，但政府应将企业商业性目标与政策性目标相分离，减少对企业赋予的非商业性和非营利性目标。三是对竞争性的文化领域，政府要完全放手，实现市场运作，逐步形成以市场为导向、以资本为纽带的多种所有制形式并存的文化产业发展格局。目前我国的文化产业组织还较弱小，需要国家在经济政策上予以扶持，尤其是财政税收和融资政策。在不减少国家现有财政投入总量的情况下，要调整财政投入结构和投入方式，适当增加用于扶持文化产业发展的政策性专项投入。要改变过去支持文化事业的资金拨款方式，建立可以量化的专门服务机构，以专业化、可操作、可量化的长期指导性服务代替短期行为的资金支持，减少在资金直接性支持中出现的效益流失。

2．以推进文化产业的市场化为目标，完善文化产业发展的市场政策法规。文化产业是一种特殊的产业，但特殊产业不能特殊，管文化与办文化要彻底分离，坚持市场导向、产业属性的原则，把文化产业的竞争性部分坚决地推向市场，让市场逐步发挥主导性资源配置功能，形成政府制订政策，形成法规，行业自律，爱护市场的文化产业发展生态环境。政府对文化产业的管理应当有明确的界限，有确定的权力运作范围，坚持市场经营领域最大化、政府保护领域最小化的改革发展方向。在这样的环境中，由于文化领域的特殊性、复杂性，政府管理的责任不是减轻了，而是更重了。一是政府要坚决打破市场分割和行业垄断，加快文化产业内部各行业之间的相互渗透、相互融合和相互支撑，尽快形成社会化的统一、开放、竞争、有序的文化市场，建立开放性的创新发展机制。科学地认识和把握目前文化产品的消费构成和市场的近、中期需求，生产和提供能够满足本地人和外来客人基本需要的文化产品和文化服务，鼓励和促进文化企业提高市场运作能力，有效培育市场，注重文化资源的开发利用，从有形文化和无形文化资源两个方面同时入手，使二者有机地结合起来。制定促进对外开放的政策，鼓励文化产业单位面向国际市场，充分利用国际国内的两个市场、两种资源加强对外文化交流，发展外向型文化产业，增强文化产业的国际竞争能力和对国外先进管理方式、手段的引进、吸纳、消化及创新能力。二是要加强对消费者的引导，培养消费者良好的文化品位，不断提高其消费文化产品和服务的水准，培育多样性的稳定庞大的文化产品和服务消费群体。在当前的市场建设和产业发展任务中，亟待解决的一个突出问题是建立文化产业的法律激励政策，建立有利于文化消费的市场拉动机制，为此必须起草并且制定新的法律。同时形成竞争机制，促进文化产品通过市场选择优胜劣汰。三是政府对于公益性文化事业和准公益性文化事业的支持和保护，要进行改革和调整。逐步推行对公共文化产品和服务的政府采购模式，把支持的手段落到实处，而不出现流失和错位，避免文化企业在内部相互产生虚假利润。如将政府的大型庆典或主题晚会等文化项目，通过规范程序进行采购或进行招标采购。四是要调整财政投入结构和投入方式，建立文化产业发展的调控机制。在逐步增加财政对文化投入的基础上，安排一定数量的文化事业建设费等资金作为加快发展文化产业的引导资金，逐步建立起符合社会主义市场经济规律的文化产业投资机制。通过差别税率等政策促进文化产业迅速发展，调控文化产业总量规模和水平；通过建立区域文化协调发展基金，对经济落后地区，尤其是西部地区发展文化产业给予必要的扶持，促进各地文化产业协调发展。还要特别注意积极鼓励和大力支持文化中介组织和行业协会发挥作用，努力形成法律规范、市场运作、政府监管、行业自律的文化产业发展格局。

3. 以推进文化产业的社会化为目标，完善文化产业发展的融资政策法规。从文化产业的高度来看，发展中国家与发达国家的文化差距主要反映在文化产业的融资能力上，表现为组织化、集约化经营的水平低，缺乏金融资本的有力支撑，文化产业集团与金融集团间相互断裂，无法互相渗透融合。在确定文化产品和服务基本属性的基础上，要尽快建立相应的投融资机制。一是要尽快出台文化开放领域的市场准入标准、准入程序及管理监督办法，降低文化产业的准入门槛。加大对社会投资的政策扶持力度，在项目审批、土地使用、税费征收、贷款获得、贴息享受、股票上市、债券发行等政策的制定和执行上，对社会投资实行与国有投资一视同仁的待遇。要在土地使用、市场准入、投融资、市场管理、税收等方面制定和完善鼓励社会投资文化产业的相关政策，尽力营造良好的投资环境。对于可以产业化的文化产品和服务行业或单位，应向社会资本开放。二是进一步明确文化企业的投资主体和地位，扩大文化企业的投资决策权。真正把利润作为吸引社会资本进入文化产业的核心目标，吸引各种资本进入文化产业，鼓励多种所有制经济成分参与发展文化产业，同时调整文化产业的财政、税收和贷款政策。政府可以安排一定的政策性贷款用于发展各类文化产业，对于新兴和创新型的文化产业项目实行低息或贴息贷款。三是鼓励组建各级各类文化产业组织、文化投资公司，形成投资主体多元化的新格局。允许和鼓励文化企业根据上市公司的要求，进行改制和再造，形成有效的治理结构，建立现代企业制度，为企业发展提供制度保障，促进文化产业市场主体的发育。鼓励文化企业立足市场，自谋发展，积极竞争，可以通过产权交易，进行资产重组、业务重组和资源的优化配置，形成企业的比较优势，培育企业的核心竞争力。四是要在保护文化资源的基础上，打破对文化资源的不合理垄断，加大对现有文化资源的开发和利用的程度。国家要通过实施若干重大的基础性文化资源开发项目促进文化资源的有效利用，并鼓励社会各方面力量对文化资源进行保护、开发和利用。在允许吸收社会资本进入文化产业领域的同时，通过规划和政策指导、信息发布以及规范市场准入，引导社会对文化产业的投资，确保文化产业健康快速发展。

4. 以推进文化产业的组织化程度为目标，完善文化产业发展的创新政策法规。当前我国文化行业的基本状况是散、小、乱，数量虽多，但质量较差，实力弱，性质趋同，处于一种低水平的竞争状态。必须以政策法规建设为先导，对我国现有的文化产业进行产权结构与产权关系的深层次变革，培育以资本为纽带跨地区、跨行业、跨媒体的综合文化产业集团。其内容：一是要按照专业分工和规模经营要求，对国有文化经营单位进行规范的公司制改革。通过联合、兼并、重组等方式，组建主业突出、品牌名优、综合能力强的大型文化企业集团，采取合作、合资、租赁制、股份制、托管、拍卖出售等方式，搞活中小型文化企业。深化文化企事业单位内部人事制度、劳动制度、分配制度改革，转变经营和管理方式，健全激励机制，探索建立保证正确导向、富有经营活力的微观运行机制。二是鼓励文化产业实行规模化经营和专业化协作，优化文化产业结构。鼓励建立各级各类文化产业基金，允许社会和个人兴办文化艺术基金，也可以由政府出资，并吸引社会资本投资参股，设立文化产业创业投资基金，对于有市场前景的文化资源项目的产业化开发与运营给予专项资金支持，对中小科技型文化企业进行项目开发和创业投资的专项资金支持。三是国家要有计划、有步骤地开展文化产业人才培训工程，提高文化经营管理人员的整体素质。文化产业的发展和创新，最终都要依靠人才，这是一种战略性要求。要以完善人才培养、引进、使用机制为目标，改革传统人才管理模式，完善人才管理体系和人才激励机制，充分发挥市场在人才资源配置中的基础性作用，实现文化产业人才单位所有向人才社会所有转变，并培养、引进高层次文化产业人才，造就一批具有一定知名度的文化人才，形成一个比较强大的文化人才阵容。

第六章
文化产业发展的文化资源开发

文化产业发展的过程实质是文化资源不断转化为文化产品、文化服务的价值实现过程，文化产业的发展离不开文化资源的开发利用。文化资源是一种动态的、非独占的、可再生的，能够为全人类共享的精神财富，文化资源优势并不能天然地转化为产业发展的优势，创新、创意能力的强弱才是决定文化资源占有多寡的关键，必须用全新的理念来看待文化资源的开发利用。

文化产业与其他传统产业一样，发展均离不开对一定资源的占用、开发。或是说，无论是文化产品的生产，还是其他物质产品的生产，都必须有一定指向性的生产对象，而其产业发展过程，在本质上都是一个资源向价值的转化和实现过程，生产力的解放和发展也体现在这个过程当中。文化产业发展的过程实质是文化资源不断转化为文化产品、文化服务的价值实现过程，这决定了文化资源的开发利用在文化产业发展过程中具有不可替代的重要地位和作用。因此，文化资源开发在文化产业发展过程中，是一个无法回避的根本问题。存在于世界各地的民族传统文化，体现着各个民族独特的思维方式和文化价值，是人类社会发展的见证，是人类文明的重要载体。它们既属于本民族，也是全人类的共同财富。在这一点上，我们强调更多的是，文化是一种精神财富，而在文化产业的发展过程中，则必须注重精神财富向物质财富的转化。也就是如何使文化资源化为生产要素，变成可用以市场交换的商品，最终把文化资源所蕴含的经济价值焕发出来，形成社会物质财富。在当前我国大力发展文化产业的形势下，用全新的理念审视文化资源，并加以科学合理的开发利用，显得格外重要。

一、文化资源的内涵及特点

如何认识文化资源，并对文化资源进行梳理、归类，同时在产业发展的层面上对其进行科学划分，是文化产业发展过程中开发和保护文化资源的前提和基础。而人们对文化资源的认识，又必须基于对文化的认识。古今中外的大量学者、专家，一直以来都力图对文化这个概念进行清晰的解读和准确的把握，但直到目前，仍然是一个众说纷纭、无法定论的局面，人们对文化的定义仍然多达数百种，让我们看得眼花缭乱。这个花费了人类无数精力的古老命题，也许会伴随着人类的整个文明发展进程而永无休止地延续下去。在当前这个文化的地位和作用被空前提高的时代里，文化概念更是被人们大大泛化，似乎所有的一切都可以冠以文化的头衔，于是各种套上文化光环的东西便层出不穷，让人们目不暇接。尽管如此，我们也可以发现，无论人们怎么争论，对文化的认识是怎样的不统一，但核心的问题在于，人们几乎都认同文化是与人类活动相关的，是由人类创造并不断向前推进的。而且，文化在当前经济社会发展进程中的作用越来越突出，越来越不可替代，乃至有了“文化力”、“文化生产力”、“文化经济”等一系列带有浓重时代意味的概念，文化成为构成综合竞争力的最重要的因素之一。党的十六大报告就指出：“当今世界，文化与经济和政治相互交融，在综合国力竞争中的地位和作用越来越突出。文化的力量，深深熔铸在民族的生命力、创造力和凝聚力之中。”党的十七大报告再次指出：“当今时代，文化越来越成为民族凝聚力和创造力的重要源泉、越来越成为综合国力竞争的重要因素，丰富精神文化生活越来越成为我国人民的热切愿望。”

与对文化的认识多种多样相对应，人们对文化资源的认识同样千差万别。究竟什么是文化资源，又有哪些可用以支撑文化产业的发展，成为文化生产的对象，转化为文化生产力和文化产品竞争优势。这些问题不加以厘清，我们面对文化资源的开发和保护问题就会显得无所适从。当然，也许人们从不同角度来理解，就会产生不同的认识和结果。不过，这并不是问题的根本，我们也无意对文化资源作出一个能为所有人认可的定义，我们想理清的是文化资源所承载的内容以及文化资源在当前文化产业迅猛发展形势下所表现出来的种种特点，以便我们能够在文化产业发展过程中更好地把握文化资源的开发问题。

文化资源的构成要素十分宽泛，既包括科技、教育等智力因素，又包括理想、信念、道德、价值观在内的种种精神因素，还包括整个社会文化网络，以及作用于现实生活的传统文化和外来文化的因素。一般说来，人类发展进程中所创造的一切含有文化意味的文明成果以及承载着一定文化意义的活动、物件、事件以及一些名人、名城等等，我们都把其认为是某种形式的文化资源。

从文化资源的形式上，我们可以把文化资源划分为有形文化资源（如历史遗存遗址、特色民居建筑、历史文化名城名镇、特色服饰、民族民间工艺品等等）和无形文化资源（如语言文字、文学艺术、绘画美术、音乐舞蹈、神话传说、风俗习惯、民族节庆等等）；从文化资源的性质上，我们可以把文化资源划分为历史文化资源、民族文化资源、宗教文化资源、地域文化资源（如都市文化、乡村文化）等；从文化资源的内容上，可划分为精神文化资源、器物文化资源、信息文化资源等；从文化产业发展的角度，我们可以把文化资源划分为可开发资源和不可开发资源。

有专家学者还从文化资源的形态上，把文化资源划分为四类。第一类是符号化意义的文化资源，指前人创造的图案、语言、绘画、音乐、造型、传说等，以某种符号的形式记录在某种物质载体上；第二类是经验型的技能文化资源，是由人所掌握的某种应用于文化活动中或文化生产过程中的技艺技能，如写作、歌唱、舞蹈、绘画、演奏、编程、设计等；第三类是垄断性的旅游文化资源，指文化遗址、独特的自然景观资源和主题景点；第四类是创新型的智能文化资源，是指以人为直接载体，在获得知识和操作技能和基础上，突破前人模式的独创性思维和实践能力，体现为创造型的构思、创意、主题、灵感、方案、设计、决策等等①。

当然，我们在划分文化资源时，采取不同的划分标准，就会有不同的划分结果。不同的划分之间，有许多是重合的。划分文化资源的类别，目的仅仅在于弄清文化资源所包含的内涵。其实，对于文化产业发展而言，尤其是要对文化资源加以开发和利用，更为重要的是要把握住文化资源在当代所表现出来的以下三个最主要的特点：

一是文化资源的动态性。世界上任何一种文化，无论它以哪一种符号或是意象出现，均承载着一定的内容，而这个内容绝不可能是一成不变的。它必然会随着时代的变迁、社会的变革、人类的进步，不断得以衍生和发展。在当今这个经济全球化趋势越来越明显的时代，一个封闭的、自我禁锢的文化系统，缺少与外界的交流，割裂了与外部的联系，就必然会因为生命力的丧失而逐渐弱化，直至最后的消亡。由此决定了文化资源也是一个不断变化的动态过程，任何人僵化地来看待文化资源的存在都必然会不同程度地陷入资源认识误区。文化资源的这一特点，决定了我们在进行开发时，不能抱着固步自封的态度，而是要把握住其发展变化规律，以发展的眼光辩证地来看待它。我们常常会听到这样的说法，就是某种某种文化变味了，变得不再是原来的文化，于是就扼腕痛惜，似乎世界会因此而发生变化一样。其实，变化本身并不是一件坏事，我们更应该去分析这种变化是否符合社会进步和历史发展，是否符合时代的需要，当变化与时代潮流相吻合时，它就应该是一种文化的进步。而一种文化或文化资源，无论表现形式如何，其生命力都在于在继承、延续自身合理内核的

① 参见刘吉发、岳红记、陈怀平：《文化产业学》，经济管理出版社2005年版。

基础上不断地进行创新、发展。没有创新或无法创新的文化，其最终归宿只能是博物馆，甚至是被社会进步潮流所淘汰。

二是文化资源的非独占性。随着经济全球化步伐的加快，以及信息高速公路的逐步完善，整个全球空间已被大大地压缩，国与国之间、地区与地区之间、人与人之间，相互的沟通和交流几乎是触手可及，文化交往交流更是变得易如反掌。在这样一种形势下，文化资源的占有主体越来越被淡化和模糊化，甚至可以说文化资源占有主体瞬息万变，文化资源的归属权和所有权界限变得几近于无。与其他自然资源相较，文化资源虽说也有较强的地域性，因为任何一种文化总是与其创造者之间有着天然的不可割舍的联系，总是带有其创造者浓厚的主观色彩，但它一旦被创造出来，便成为了一种可供全人类共享的精神财富（当然，部分原创作品会受到知识产权的保护），或者说是全人类的共同财富。文化本身仅仅在内容上表现出与创造者的联系，而在其归属上的联系则随着时间的推移而逐步被弱化。中国人民大学金元浦教授在《文化资源和文化竞争力》一文中指出："一切过去时代的文化资源，都有一个在今天文化语境中重新阐释和创新开掘的问题。任何文化资源要想成为生动、活跃的'现在时'或'现在进行时'，都必须与今天、与今天人民的精神生活需要相联系。所以，一切传统的文化资源要想在今天发挥作用，都要经历一个现代的转换。文化资源的多寡，还与我们现实的文化创新能力成正比。"就是意味着，谁的创新能力强，谁具备创意能力，谁就能占有更多的文化资源。而这种占有仅仅看借鉴能力的大小、看整合能力的大小、看应用能力的大小，而不需付出任何代价。一部中国的《花木兰》可以在美国人手中化为动画片而变成赚钱工具，一部中国的《三国志》同样可以在别人的手中变成网络游戏而成为聚敛财富的金钵等等，这样的例子在当前世界文化产业发展的实践中比比皆是。

三是文化资源的可再生性。文化资源的可再生性，是其他任何一种自然资源都无法比肩的。矿产资源、水资源、土地资源、森林资源等自然资源，都不避免地存在着一个用一点少一点的问题，原因在于它们均属于消耗性资源，尽管随着科技的进步和利用手段的创新，这些资源也逐步有了可循环利用的可能，但终究不能从根本上解决日渐枯竭的问题。而文化资源由于其载体、介质及其形式的多样性，成就了其可再生利用的特性。而且，就文化资源而言，只要开发利用方式科学、合理、对路，往往是越使用价值越高，使用的次数越多就越珍贵，并不存在因使用而有所损耗的问题。即便是那些独一无二的历史文化遗存遗址，人们也可以借助高科技手段进行复制，使其价值得以不断地发挥。正因为文化资源具备了这一特点，才使文化产业成为新世纪最具活力、最符合人类发展需要、最能够体现可持续发展的新兴产业、朝阳产业。这一特点，也使文化产品具备了可重复使用的特质。一部诗歌，人们可反复地吟诵；一部小说，人们可多次阅读；一个舞蹈，人们可不断地跳动；一部电影，人们可反复地观赏等等，不一而足。

二、文化资源的保护与开发

文化是前人对于一切可利用资源加以利用的智慧的结果，是历史上世世代代无穷无尽的人们智力资源的结晶。在中华民族5000年的历史发展中，不同的族群共同创造了中华民族的历史，并形成了一个统一的国家、一个多元一体的民族文化。中华民族文化历史悠久、底蕴丰富、多姿多彩，在全世界民族文化当中占有重要的位置，是世界文化的重要组成部分。

对于重要的文化遗产和特色文化资源，在比较宏观的认识层面，社会各界似乎已经基本达成共识，即应该把保护与开发统一起来，使之形成相互支撑、相互促进的格局。但是，争论却仍然在继续，尤其在实践层面。一方面是人们对传统文化资源和民族文化资源开发的热情越来越高，另一方面是在具体开发过程中引出了许多亟待解决的有效保护问题。

有一个很有意思的例子。最近几年来，申报世界文化遗产热在中国各地正愈演愈烈。比较一致的看法是，这么做除了可以把中国的传统文化和民族文化发扬光大外，还能够极大地提升遗产地当地的形象和影响，带来巨大的经济和社会效益。如鲜为人知的平遥古城1997年被列入世界文化遗产名录后而身价陡增，变成一个著名的旅游目的地。门票收入从申报前的每年18万元猛增到500万元，1997年当年旅游综合收入便高达4800万元。同年被列入世界文化遗产名录的云南丽江在2000年旅游综合收入达13.44亿元。安徽黄山同样是因为被列入世界自然遗产名录，旅游收入由每年数百万元增加到两亿元。据有关方面统计，我国目前正在准备申报世界遗产的项目就有上百个。安徽古村落的申报成功引来全国各地上百个村镇群起而效仿，很多地区都投入或者准备投入巨大的人力和物力来开展申报工作。并且，申报的主导力量几乎均来自政府，为的是在申报成功后从中挖掘出巨大的经济价值或宣传价值，这样就使遗产资源的开发成为不可避免的事实，于是，不合理开发、过度开发的问题就随之而来。《国际先驱导报》的一位记者曾经发出一则报道，称“中国传统文化因为那些被冠以‘世界文化遗产’称号的风光遗迹而得到发扬光大。5000年文明造就了25处这样的地方。然而，它们之中的大概十分之一由于过度开发而受到警告，有被取消名号的危险。商业化正在成为这些世界遗产的致命伤”。事实上，在民族文化资源究竟应该如何开发，如何进行保护，采取何种开发模式，以及开发到何种程度才是适宜的等问题上，由于所站的角度和立场不同，人们并没有一个统一的认识和看法，还存在很多争论，有时甚至会出现相左的意见。比如政府官员从实践的角度出发，强调的是发展问题，更看重资源的开发利用，对资源的保护会有一些忽视；而学者从研究的角度出发，更为看重的资源的保护，而对资源开发利用问题不甚看重。学者之间，因为研究的偏重点不一致，也难免会产生保护派和开发派之争。此外，资源的拥有部门与开发部门有时会因为利益的不一致而出现争论。尤其是企业介入资源开发过程之后，由于预期收益的不一，对于开发模式的选择也会出现千差万别的现象。在诸多争论中，文人、官员、商人彼此之间相互交织，又组合成更加复杂的关系，也使争论更加复杂化。当然，在实践领域，如何兼顾和协调资源的开发与保护，如何在开发过程中不致过度商业化，究竟开发到什么程度才是适宜的，其中的度确实是很难把握的。

有争论是好事。很多具体的问题，很多具体的疑惑都是通过争论提高认识，最终逐渐达成共识的。

可以肯定地说，如果处理不好保护与开发的关系，市场化、产业化的开发，将会对文化资源造成不同程度的破坏。实践中有大量的事例证明，因为一些开发者的急功近利，出现了许多资源开发的短期行为，他们只是为了一时的经济利益而不考虑资源的可持续利用的问题，几乎不考虑保护问题，严重破坏着许多不可再生的文化资源本身和它们的生存土壤，使文化资源的保护形势变得格外严峻。此外，“建设性的破坏”也会危及文化资源的生存。由于经济的发展和人口的增加，很多地方加大了对城市的建设，但在这个过程中，许多古迹、文物和建筑遭到了严重的破坏，有些甚至是毁灭性的破坏。许多借“保护”和“开发”名义所开展的经济活动中，存在对民族文化任意曲解的庸俗化倾向，这一点在旅游业中尤其突出。例如对民族文化资源缺乏科学的评价，夸大其词地进行宣传渲染；或者是为了迎合一些人的低级趣味，开发中缺乏对民族文化去粗取精、去伪存真的鉴别，以低格调的猎奇使民族文化庸俗化；再就是在开发中不深入研究民族文化丰富的内涵和表现民族文化深厚的民族性和特色性，而是简单化，生搬硬套，如各旅游景区的民俗表演、各类旅游产品与该民族的原生文化相差很大，而且大多雷同，体现不出自身的特色。对民族文化种种任意的误读所带来的不良后果将是长远而深刻的，由此形成的错误认识不仅影响到社会大众对民族文化的误解，而且可能影响到年轻一代对本土文化的认知和认同。在人类文化资源的开发利用过程中，曾经有过许多很惨重的教训。对传统民族文化中的优秀内核进行有效的保护，无疑是一项非常重要的工作。

我国的许多民族文化资源正在面临的巨大冲击，这已经是不争的事实。不过，这里必须强调，这种状况的出现，不仅仅只是由于开发的驱动力和开发行为本身，只不过，错误的开发方式巨大地加剧了这种冲击。

从深层看，民族传统文化正在面临的冲击由来已久，主要来自于势头越来越凶猛的经济全球化和区域经济发展一体化浪潮。

不妨以云南的例子来稍加说明。云南各民族在漫长的历史过程中，创造了自己独特的民族传统文化，如傣族的贝叶文化、纳西族的东巴文化、彝族的毕摩文化、哈尼族的梯田文化、白族的本主文化等，充分展示了文化的多样性。从云南的现实情况看，民族传统文化在以种种形式表现出来的经济全球化浪潮的冲击下，面临着来自诸多角度的压力。这种压力是巨大并且十分复杂的。

这一基本现状，以及大致能够预见的未来走向，理所当然地引起了国内外有关学术界的关注，对此感到忧虑的大有人在。忧虑者普遍认为：文化是人类思维的成分而不是思维的补充。一个民族之所以成为民族，最根本的莫过于形成、发展和认同着自己特有的文化。民族文化是民族的灵魂和存在的基础，如若缺失了自己独有的文化传统，那么这个民族也就失去了与其他民族相区别的根本分野，换言之，这个民族将成为虽拥有着人口、地域等“外观”，却丧失了魂魄的一个“文化木偶”。如此一来，文化的多样性将逐步被文化一体化所取代直至不复存在，而文化的多样性一旦消失，就很难再重新恢复。这是一个非常严峻的现实。从世界范围来看，云南的情况并不是孤立的，它不过是经济和文化全球化中的典型个案而已。

造成上述状况的原因，有多方面的因素，并且这诸多因素通常是汇合在一起，构成综合性的不利于民族传统文化传承延续的态势。一般来说，造成传统文化，特别是少数民族传统文化总体上面临冲击的原因主要包括以下几个方面：一是数十年来，随着经济社会的发展，各个民族的社区和家庭结构、生产和生活方式、生活环境等诸多方面都发生了不同程度的变化，传统知识体系中的一些关键要素正渐渐为一些外来文化因素所替代或同化；二是以国际互联网的完善等为标志的通信信息技术飞速发展，使信息联络和信息交流日益简便和廉价，迅猛发展的经济全球化和信息全球化洪流正逐渐冲刷、破除着文化赖以存在的疆域，资本、商品、服务、技术等经济要素的国别和地区界限越来越模糊而自由蔓延于世界的任何一个角度，而附着于其上的思想意识、价值观念、道德理念以及生活方式等文化元素随之而来，深深地嵌入到每一个人的意识之中……无论是在广度上还是在深度上，外来文化都对各地本土民族文化造成了前所未有的冲击，极大地改变了本土民族文化的生存环境和土壤，导致一些民族在时代变迁过程中丧失了自身的文化特征，民族文化传统出现断裂现象；三是由于文化的发展变化对经济社会发展有一定的依附性，随着开发步伐的加快和外来影响的加剧，少数民族自身的生产、生活方式和传统的经济发展模式发生了根本变化，而这种变化必然会带来文化上的巨大改变。在这个过程中，许多民族传统的民间活动、风俗节庆、民间工艺、生产技艺、音乐舞蹈、民居建筑、服装服饰等随之迅速发生形式和内容上的双重深刻变化，一些无形的民族文化资源不可避免地开始面临“死了一个人，绝了一门艺，留下一个谜”的危机。更为严重的是，经济活动的变迁在相当深的程度上改变了部分少数民族的传统价值观念，淡化了民族成员对本民族的文化认同，减弱民族凝聚力，甚至使部分成员宁愿全盘接受外来文化，而不愿立足传统去创新发展本民族文化。在这种状况下，有的民族文化即便得到表面上的保护和传承，但延续下来的也只是形式化的“外壳”，其传统内核和实质内涵其实已荡然无存。

保护与开发的关系，绝不仅仅只是实践层面的具体问题，必须从更深层次把握住二者在整个现代社会经济文化背景下包含的内在含义，才有可能真正将其梳理清楚。我们必须把这项工作放到继承优秀民族文化传统，保持文化多元化和协调发展的高度来认识。在多民族地区实现民族文化、生态环境和经济社会的协调发展，已成为全人类共同关注的一个十分重要的问题，是一个世界性的课题。在现代文明逐渐向过去比较封闭的少数民族社区渗透的背景下，如何使各个民族传统文化的多样性能够得到有效的保护，实质就是一个在新的发展层面上实现文化高层次协调发展的问题。

外来的影响无法抗拒，但可以引导。重要的是要在保护的前提下科学合理地开发利用文化资源，把外来影响化为创新民族文化的积极因素，从而在外部环境剧变和内部发展要求增高的双重压力和挑战下，保证民族文化能够适应时代的发展变化，继续沿着多元化的方向健康发展，再创民族文化的辉煌。因此，没有任何保护措施的开发，不容许任何开发的保护，先开发再谈保护等等，都是不可取的极端做法，是不符合人类文化资源开发利用规律的。保护好民族文化资源是一个民族得以创新和发展的基础。特别是对民族语言、民族服饰、民族节日、民族风情习俗和各种文物古迹的保护。但如果只强调保护，不对民族传统文化进行合理的开发利用，不与经济发展相结合，不顺应时代发展潮流，这些传统文化资源将失去存在的价值，失去保护的意义，更重要的是，将会失去其生命力。如果说文化保护最终目的是要造福于各民族的话，那么现阶段的文化保护就必须尽可能地与经济发展和文化发展相结合，尽可能使群众从中获利受益，满足人民群众日益增长的物质和精神文化需求。文化只有造福于它的创造者和拥有者，才可能兴旺发达、长盛不衰。只有从文化资源的开发利用中不断得到实惠，才能够使人们更多、更深地认识到文化资源的重要性，也才会更加自觉地增强保护意识，从而使文化资源的保护与开发步入良性循环的轨道。

正是在这个意义上，民族文化资源开发不力的问题，同保护不力的问题一样值得我们注意。我们在发展文化产业的过程中，要考虑对自然资源和文化资源的挖掘、比较和认识。这两种资源的开发，都依赖于一定的技术和手段。比如说自然资源里面的金矿、铜矿、铁矿等，如果离开了冶炼技术，就无法完成从资源到商品的转化。文化资源和自然资源一样，并不是天然的商品，只有经过一定形式的加工、整合才能够成为具有市场价值的文化产品。当然，文化产品的生产与其他物质产品的生产有很大的区别，两者的生产过程对于资源的要求是不相同的。在物质产品的生产过程中，最终产品的性状必须由所依赖资源的类别决定，尽管随着高新科技手段的应用，一种资源可能转化为不同形式的新材料，为最终产品的多样化提供可能，但也改变不了资源开发固定化、标准化的实质。因此，在物质产品生产过程中，最为关键的是生产设备和生产工艺是否精良以及应用高新科技手段的程度等。而文化产品生产所依赖的文化资源多是无形的，整个生产过程具有非常大的不确定性，在最终产品生产出来之前，除了生产者本身外，其他人是无法确切预知产品的最终形式的。因为在文化产品生产过程中，尤其在原创阶段，包含着一个对文化资源再创造的问题，如何利用资源取决于生产者的主观意愿和创新能力，而不是取决于资源的类型。比如一个民间传说，人们有可能把它改编为一首歌曲，有可能是一段舞蹈，有可能是一部小说，有可能是一部电影，有可能是一个游戏，有可能是一部动漫。比如说日本有一个动画片叫做《天鹅湖》，就是根据俄国柴可夫斯基的同名芭蕾舞剧改编的，但这个改编不是对《天鹅湖》的简单模仿，芭蕾舞是人跳的，而日本动画片《天鹅湖》里这些人都变成了卡通动物形象，除了人变成动物以外，剧情内容一点也没有变化。这个产品在日本获得了巨大的经济效益。柴可夫斯基原来创作的《天鹅湖》下一步还可以拍成电影，也可以拍成电视；可以变成歌剧，也可以变成话剧。所以，在文化生产过程中，在文化产业发展过程中，必须高度重视文化资源的开发利用问题，开发利用过程实质是一个用创意来整合、组织文化资源的过程。开发利用得当，将会大大提高文化产品的市场价值和市场竞争力。

换个角度看，有效保护与合理开发还关乎到民族传统文化的继承与创新。民族文化的发展过程必然是一个创新的过程。任何一种优秀的民族文化，都必须与时俱进，才能充满生机和活力，才能保持其先进性，也才能成为进一步推动社会向更高层次发展的动力。其实，任何一种对传统文化的继承，某种程度上就是对传统文化的创新——是一个寻求传统文化的现代价值的过程，寻求传统文化与现代社会相结合的过程。必须明确的是，在文化创新的过程中，“创造性”意味着它是基于一种健康的、理性的精神，是积极的、主动的；同时还意味着这种“继承”并不是僵硬、静止和机械的，而是建立在对发展民族文化在有目的、有规划的认知基础上的。如果不是基于尊重自己文化上的、立足自身发展的那种消极被动的“全盘拿来”式的“改造”，就不是理性的创新；如果不是建立在充分挖掘民族文化的优秀特征来适应时代发展变化的不加选择的“改变”，也不是理性的创新；如果肆意对自己文化中不能立即带来眼前利益的传统加以“破坏”，则更不是理性的创新。

如果没有自身深厚的传统文化底蕴，一个民族要不断地创造适应时代变迁、社会发展需要的新文化，几乎是一件不可能完成的事情。只有继承好民族文化，才可能使其有机会在自身与外界的交往中兼收并蓄，在经济与文化的碰撞中发展创新。应该明确的是，从古至今，民族文化应对环境变迁时都不仅是被动的，更是能动的。任何一种优秀的民族文化，其创新的动因或许是来自于抵御外来影响，但创新的目的必然是为了适应变化、驾驭变化，否则，就很难保持文化创新的积极性和主动性，也就很难保持文化创新中的健康心理和理性精神。这一点，对于现在处于日益开放环境中的文化发展尚处于“弱势”的西部各民族尤为重要。所以，在处理民族文化的继承和创新关系的时候，我们更多关注的不应是片面强调“一成不变”去抵御外部环境的侵蚀，而应注重在继承优秀传统的基础上通过理性的创新、合理的吸收借鉴来增强自身的生命力和竞争力。只有这样，西部的发展才将不仅仅意味着经济的繁荣，同时也意味着西部各民族文化的进步。

我国目前西部大开发所面对的，是久远的历史和众多的民族积累下来的大片文化沃土。从这个意义上看，中国西部大开发，实际上是在西部悠久的历史文化和丰厚的民族文化积淀基础上的再度开发。如何有效地保护、传承和利用西部丰富的文化资源，培育、开发并形成遍布西部城乡的特色文化产业，是当前西部大开发战略中值得格外注意的一个重要课题。甚至可以毫不夸张地说，文化建设参与西部大开发，与西部地区的经济、技术开发相比，即使不说具有更值得强调的意义，也具有同等重要的意义。中国的西部地区，一方面拥有丰厚的文化资源蕴藏，另一方面这些资源的产品化开发和资本化运营极其不够。文化资源是一种资本，在知识经济时代更是一种强力资本。西部大开发中，在发展经济的同时，必须保持地方文化、民族文化的多样性，并注重各民族民间文化的开发和资本化运营，培育和发展各民族地区的民间文化产业。目前，通过对各民族民间文化资源的适度技术化、组织化，直至加以知识产权专属化、生产资源资本化，实现资源的有效保护和产品的自主开发，已经成为我国文化产业、尤其是西部地区文化产业面向未来的发展不得不关注的一项紧迫任务。

目前，全世界共有近六百处世界级文化遗产，其中，意大利、西班牙、法国是名列前茅的文化遗产大国，而它们在文物古迹的保护修复和开发利用方面取得了许多成功的经验，值得文化遗产同样丰富的中国借鉴。我去过不少地方，也查了一些资料，大量的实践证明，只要有正确的思路、合理的制度安排、恰当的运行机制和有效的措施，保护与开发是能够协调并举的。

在法国，春天举办“博物馆日”，秋季举办“文化遗产日”，卢浮宫、凯旋门等著名博物馆和历史古迹也在免费开放之列。意大利的活动更是名目繁多，每年举办“春天”、“夏日”、“秋实”或“冬眠”等各种主题活动，全国各地150个城市中数百座平时不对外开放的古迹，一律向公众开放。他们的经验是，历史文化遗产无法藏身于世外桃源，保护不意味着将其封闭，而应敞开大门，使之成为人们了解民族历史与文化的窗口。

文物保护与城市发展并不矛盾。法国普罗万小城位于巴黎以东80公里，11—13世纪曾是欧洲商旅往来于北海与地中海城市间的必经之地。如今，这座小城从整体布局到每个建筑的独特风格，都保持着中世纪欧洲古城的浓厚韵味。山上为上城，集中了教堂、谷仓、钟楼等中世纪建筑；山下为下城，分布着民宅和商店等现代生活设施。据说，普罗万之所以被联合国教科文组织列入世界文化遗产名录，主要得益于它原汁原味的古城风韵。

文物保护与经济发展不对立。埃及迁移阿布辛贝勒神庙，就是这方面最成功的范例。宏伟的神庙原位于埃及南部尼罗河西岸的悬崖峭壁间，1956年，埃及政府决定在阿斯旺建造水坝，神庙面临着灭顶之灾。埃及政府在征求许多国内外专家的意见后，决定迁移神庙。神庙的巨大雕像和装饰被切割下来，最后又在比原址高200米的新址重新拼装，使得各国游客在阿斯旺大坝建成后仍然可以目睹阿布辛贝勒神庙的雄姿。

保护文化遗产并不排斥对其合理利用，处理好保护与利用、学术研究与旅游开发的关系，就能得到可观的回报。无论是发达的法国、西班牙和意大利，还是发展中的埃及，多姿多彩的文化遗产是吸引游客的重要旅游资源。2000年，6000多万人口的法国共接待国内外游客7550万人次，成为世界第一旅游大国，旅游收入达299亿美元；西班牙接待游客4820万人次，旅游收入达310亿美元，占GDP的11.4%，成为与建筑业和汽车工业并列的三大支柱产业之一。旅游业给埃及每年带来40亿美元的外汇收入，同样成为其国民经济的支柱产业。

大力发展文化产业，要求我们必须把民族文化资源优势转化为现实的产业优势和经济优势，也就是要在强调保护的基础上充分开发和利用民族文化资源。在一定意义上，我们甚至可以说，开发和利用就是传承和保护民族文化资源的一个重要手段。

合理的开发将会不断提高文化产品的质量，从而促进对传统文化的长远保护。发展文化产业必须进行市场化运作。有没有好的能够让市场承认的产品，是衡量文化产业成功与否的一个重要标志。一件好的文化产品不仅只是文化企业在资金、人才、宣传等要素的市场运作结果，更重要的是生产者要对文化产品适时进行创新，着眼于世界文化发展的前沿，以新的思路、新的表现形式、新的生产方式生产出新的文化产品，才能不断地满足消费者的需求，适合时代的需要，进而具有竞争力，赢得市场份额。文化产品的市场化运作，将彻底改变人们的传播观念，树立以消费者为中心的传播思想。这样的传播思想又反过来影响着文化产品的生产者，使他们多出精品，多出消费者满意的产品，在生产者—市场—消费者的循环链中，市场规律指导着整个运行过程，他们相互依存、相互促进。而终极结果之一是促进了更多、更好的高规格优秀文化产品的生产。随着现代科技的高速发展，文化产品的科技含量越来越高，在表现形式、保存方式等方面都有了新的进展，从这个意义上讲，文化的产业化过程从客观上使人们致力于挖掘传统文化，促进了文化精品的产生。使一些由于传统保存方式不健全而造成濒临消失的文化样式，再度获得新生。

合理的开发将有利于民族传统优秀文化的传播。合理的开发，将使民族传统文化以文化产品为载体获得更大范围内的快速传播。文化产业的一大特点是产品的大批量复制，一项优秀的文化产品通过大批量复制投入市场，就必须通过一定的传播手段、传播途径和传播方式。从传播手段看，在科技发展的今天，传播手段得到了前所未有的发展和运用。印刷、广播、电视、电影、录音、录像、数码、网络技术的发展，使传播速度更快捷、传播内容更准确、传播手段更易被接受。从传播渠道看，改变了原来单一性而变得更加多样化，国家包办事业型的传播状况将被多渠道传播的新格局所替代，国营、民营、联营等多种经营形式相互融合，促进了文化的传播。从传播的方式看，单一的店铺式销售将被电子商务、商品快递、会员制、送货上门、售后服务等灵活的营销方式所取代。新技术、新理念带来的“传播革命”，使许多优秀的传统文化和文化产品将会被更多的人所接受和认可。这对于文化的继承与创新具有划时代的意义。

三、文化资源开发中存在的几个问题

目前，全国各省区市都在按照中央大力发展文化产业的战略决策，纷纷制定相应的政策，探索具有自身特色的文化产业发展之路。广大的中西部省区市更是依托于自身丰富的民族文化资源，以文化资源开发为先导，着力推进特色文化产业的发展。但我们认真审视各地的文化资源开发实践之后，却发现各地均不同程度地存在以下几个问题，影响到文化资源的开发成效，进而对文化产业的整体发展产生了一些消极影响。

一是对资源优势的认识有所偏颇。我国有许多地区都是民族文化的聚宝盆，是文化资源的富矿、金矿，这是发展文化产业的一个优势。但文化资源优势并不会天然地转化为产业优势和市场竞争力，这个转化过程需要创意的支撑，以及现代化生产技术的支撑。如果我们不能把握住文化资源的非独占性特点，一味强调资源优势，不采取积极有效的方式加以整合和开发，这种优势就极容易被别人无偿借用，并且会随着宣传力度的加大而更加一览无遗地呈现在世人面前，为别人的异地开发提供更多的机会和可能，造成资源的严重流失，最终使优势变成劣势。在现实中，许多地区都非常注重对文化资源优势的宣传，目的是展示自己，并以此来吸引外来投资。这本无可厚非，也是经济欠发达地区发展文化产业的必由之路，但如果不能正确认识资源优势，就必然会造成一些无法挽回的损失。此外，随着高科技的应用、开发手段的创新，文化资源在文化产业发展过程中的作用，与人才、智力、创意等因素相比，已经退居到相对次要的位置。但在各地发展文化产业的实践中，仍然普遍存在着强烈的“吃资源饭”的意识，有什么资源开发什么样的产品，无论这种资源是否具有开发价值，这种资源开发出来的产品是否有市场前景。以资源定位自己的发展方向，以资源决定自己的发展规模。从文化资源区别于其他自然资源的非独占性这一特质来看，如果我们的目光始终只是盯住自己的本土资源，不善于利用外部的文化资源，必将大大压缩文化资源的开发利用空间。

二是资源开发的盲目性。在面对文化资源开发问题的时候，我们一定要清醒地认识到，并不是所有的文化资源都可开发为文化产品或文化服务的。比如部分宗教文化、一些概念性的地域文化以及部分历史名人等等，它们所承载的更多是一种形象价值、宣传价值、教化价值，难以转化为具体的包含着经济价值的文化产品。但是在文化产业发展热潮的鼓舞之下，部分地区丧失了应有的清醒，一切与文化沾边的东西似乎都恨不得在一夜之间就弄出一些能够立足市场的拳头产品，于是就不惜人力、财力，忙于做一些不切实际的规划，盲目上一些很难看到市场前景的项目。这样的结果是得不偿失的，不但造成了人力、物力、财力的浪费，而且在很大程度上对文化资源造成了破坏，更为严重的是会大大挫伤人们发展文化产业的积极性。

三是低效的粗放开发。这是在各地尤其是西部地区文化资源开发过程中存在的最普遍、最突出的一个问题。广大西部地区无疑是我国文化资源蕴藏最为丰富的，尤其是多姿多彩的民族文化资源令人艳羡。但多数西部地区经济社会发展水平相对较低，发展现代文化产业的条件和基础尚不够坚实，目前只能走资源依赖型的传统老路。而在缺乏现代化生产技术和手段，创意能力不足的条件下，文化资源的粗放开发就不可避免，由此而生产出来的文化产品多属附加值较低的初级产品，一些市场潜质极高的文化资源因此被浪费、被埋没，并且还很有可能失去再度开发的机会。如果这一局面不改变，西部地区文化产业发展的总体实力就难有实质性的提升。因此，对一些市场价值较高的文化资源，宁可等机会和条件成熟时再加以开发，也绝不能贪图一时的蝇头小利而急于求成、粗放开发，把文化资源的市场价值损失殆尽。

四是开发和保护的不协调。在文化产业发展实践中，普遍存在着文化资源开发的急功近利，受经济利益的驱动，重开发，轻保护，甚至因为谋一时之利，仅仅出于所谓的开发需要而随意地、毫无根据地改变文化资源的形式。如许多古迹、文物被改头换面，重新包装，失去了古迹文物的原貌；许多民间舞蹈、仪式、风俗习惯被庸俗化、简单化，失去了原有的神韵；在部分地方，许多古迹、文物和建筑在开发名义下遭到严重破坏，有些甚至是毁灭性的破坏等等。这是在开发过程中必须从根本上加以杜绝的，没有保护的掠夺式开发，无异于竭泽而渔，最终必然会导致资源的枯竭，丧失可持续发展的基础。

四、文化资源开发的几点思路

在发展文化产业的过程中，对于文化资源而言，其保护和开发应该是一个互相补充、互相促进、互相强化的关系。关键点在于，立足保护，加强论证，科学规划，适度开发。事实上，大家都在讲"在保护的基础上合理利用，在利用的过程中强化保护"，其实质并不在于要不要保护和要不要利用，而是一个怎样保护和开发的问题。没有文化资源的创造性开发，文化产业的发展就会失去基本的立足点。因此，我们必须高度重视文化资源的开发问题，同时也不能忘了对其进行科学合理的保护。

全面理解和实施可持续发展战略。可持续发展的前提是"满足当代人需求"，对于贫困地区来说，如果生存受到挑战，实际上自身就失去了全面实施可持续发展战略的前提。我国一些资源富集地目前经济发展水平相对低下，面临着脱贫的艰巨任务，合理开发文化资源，成为带动当地经济发展、脱贫致富的现实选择。可持续发展战略的实施，就是要在正视民族文化资源特点的基础上，使保护与发展在实践过程中成为良性互动的关系。要通过一系列行之有效的方法，提高区域资源和环境自身保护与发展的能力。能力建设是可持续发展的核心内容之一，对于技术、资金、人力资源都相对落后的欠发达地区来说，选择启动条件相对容易、环境和资源代价相对小的文化、旅游等产业作为增强自身能力的起点，这是实施可持续发展战略、增强自我发展能力的一种举措。

必须在科学发展观的指导下，遵循可持续发展的原则，充分认识保护与发展的关系，应用边开发边保护的方式对待文化资源。这种方式越来越成为各民族在利用文化资源过程中采取的较科学的思维方式和行为方式。不要片面地强调开发，也不要片面地强调保护，而是在保护和发展中寻求一种更为合理的契合点，从而使保护与开发结合起来，以保护促进开发，以开发推动保护。目前，我国文化资源的保护经费主要来源于政府拨款、社会筹集和接受国内外捐赠等。随着保护力度的日益加大，这些经费显然并不足以支撑，唯一的出路就是通过开发利用来增强民族文化资源自身的造血功能，为保护民族文化资源创造必要的物质条件，并形成把保护与开发融为一体的良性运行机制。也只有在开发利用过程中进行保护，才可能是最有效的方式。正确处理保护与开发的关系，应该做到在保护中求开发，在开发中促保护，形成保护与开发并举、以保护为重的良好局面。没有保护的掠夺式开发，无疑于竭泽而渔，最终必然会导致资源的枯竭；片面强调保护而忽视开发，守着金山讨饭吃的做法同样也不可取。对一些确有珍贵的历史保存价值而又难以进行市场开发的民族文化资源，政府相关部门应给予高度重视，采取确切措施加以保护，并保证其保护经费。

结合实际，分类指导。在中国，讨论协调发展，必须首先考虑到，由于地理环境、区位、民族和经济发展状况以及不同文化传统等方面诸多的差异，各个不同地区、不同民族，乃至处于同一个地区同一个民族的不同村寨，其具体情况都有诸多不同，任何固定统一的发展模式将很难解决现实中存在的这一复杂问题。中国现阶段极不平衡的经济发展水平决定了文化资源开发不能套用一种模式或者一种方法，不同类型的资源需要探索不同的开发模式。

要对自然和人文资源要进行分类评估，区别对待，分类保护，制定不同的开发利用模式和实施规划。资源的市场化进程是一个逐步深化的过程，对传统体制的改革是每一个层次，每一个阶段都会碰到的问题。对于资源的开发也有一个深化认识的过程，要允许各地根据实际情况进行改革探索，逐步建立相对规范的分类指导的管理体系。

在文化资源的保护上，要走出以往重点轻面的误区。例如，一些世界遗产地狭隘地把保护重点简单片面地理解为某个遗产物质形态本身，忽视甚至人为地去割裂“遗产”或是景区与周边环境间的彼此依存关系，最终导致保护与开发截然对立的失败局面。一定要树立“大遗产”保护观念，在一个大的自然背景和文化背景下来统筹规划，既考虑文化资源的外在表现形态，同时也把文化资源的生存发展之根源、文化资源生存环境包括自然环境也纳入保护的范畴，千万不能再走进狭隘保护的樊笼，孤立而静态地看待文化资源的保护。也就是说，文化遗产的保护，既要关注文化资源本身，同时也要把文化遗产所依存的自然生态环境纳入规划保护的范畴，不能重视文化遗产保护而忽视文化遗产与周边自然生态环境间的依存性，把二者人为分割甚至对立起来；自然遗产的保护，既要重视自然遗产地的生态环境保护，也应该把自然遗产所在地的文化环境保护纳入规划保护的范畴，不能重自然而轻文化。无论是文化遗产地的文化资源与自然生态环境，还是自然遗产地的自然生态资源与文化环境，彼此都是不可分割的有机整体，共同构成了发展文化产业的基础和灵魂。

制定行之有效的政策、法规，用不断完善的法规来制约和规范开发行为。要针对文化资源开发中面临的各种问题，重视政策法规的建立和完善工作，认真梳理现行政策，及时剔除已不适应时代发展变化的条款，根据目前民族文化资源保护开发的实际状况，有针对性地制定配套政策。国内外一些地区由于成功地处理了保护与利用、学术研究与旅游开发的关系，获得了社会效益和经济效益的“双赢”。他们的共同经验就是：注重建章立制、依法保护。作为政府部门，最大的任务就是规范各地方的世界遗产资源开发行为，努力使其从一开始就走向良性发展的轨道。目前，中国已经出台了文物保护法、风景名胜区管理条例、森林法、自然保护区管理条例等，自然文化遗产保护法也在加紧制定中，各地也出台了一些文化保护方面的地方法规及相关政策，但仍需在市场化的过程中不断完善法规体系，加大执法力度，“有令必行，有法必依”，已制定法规，就要由相关部门严格执行，不能使相关法规成为一纸空文，形同虚设。我们还要特别注意政策的阶段性和可操作性。目前我国已有一些与文化产业发展密切相关的保护条例和政策，但关键问题是太笼统，大都是一出台就管相当长时期的宏观政策，缺乏可以阶段性地实施、符合当地实际情况的可操作具体细则。各地在进行开发时，尚未提高到协调发展的认识高度，很多贫困地区为生计所迫，急于在开发中得到经济利益，因此在完全没有环境影响评估和控制措施之时就进行各种开发行为，这样就会导致对可持续发展不利的种种结果。

建立有效的协调机制。发展文化产业是一种集多种要素于一体的综合行为，要建立健全能够使保护与开发协调一致的有效机制。例如，西班牙有一套比较完善的管理机制，并为保护文物古迹投入数十亿欧元。西班牙创办了文物保护学校，培养专门人才，对文化遗产悉心照料，呵护有加。马德里市政府明文规定，任何单位和个人不得对市中心的古建筑进行任何改动，并且每隔20年必须按照原来模样重新进行维修和粉刷，否则将课以重罚。意大利也十分重视文化保护专业人才的培养，认为这是文物保护的基础和保证。这里，有效的协调机制至少应该包括几个基本的方面，即政府管理部门与开发者的协调，各个保护与开发单位间的协调，民族文化的传承与民间技艺的培训与面向民众的宣传教育的协调，保护投入与开发收入的协调，长远目标和短期可能的协调，外来资本与当地社区利益的协调，等等。

这里，我想特别提到，在一些重要的遗产地，制定和执行政策的过程中充分考虑社区民众的参与。在开发活动中必须加强与社区的联系和沟通，充分调动社区的积极性，让社区民众在政府机构的政策制定过程中能有较多的参与机会，在参与性的开发活动中得到利益。各级政府和相关部门应该进一步明确，在文化产业发展进程中，必须制定有效策略，让当地群众成为实实在在的受益者。如何通过合理并且有效的机制和方式让当地的少数民族民众参与文化产业，并且普遍受益，是一个需要认真研究的课题。没有这种有效的机制，民众参与保护与发展的积极性就不可能真正调动起来。在这方面，不少地区已经进行了一些值得认真关注的尝试，也取得了一些有益的经验。今后，如何建立一个规范而有效的机制，使更多的人，特别是当地少数民族群众参与并从中获利，这是有关部门需要进一步研究实施的重要工作。惟此，少数民族地区文化资源的保护和开发才可能落在实处，文化产业才可能获得真正的可持续发展。

调动社会各界和民间私人参与保护和开发的积极性。调动社会各界和民间私人参与保护和开发的积极性，这是欧洲国家的普遍做法。法国文化部下设文化遗产局，地方上也有相应机构，负责调查和监督文物古迹的现状和维护情况。在法国，直接由国家管理的重点文物古迹不足5%，近一半的由市级部门管理，而半数为私人管理，如巴黎艾菲尔铁塔。意大利政府专门设有文化遗产部，并在保护和管理文物古迹方面摸索出“意大利模式”：政府负责保护，私人或企业进行管理和经营。这种模式有利于调动私人和企业的积极性。一些重要的文化资源，特别是文化遗产资源作为公益性特征很强的社会资源，保护的主体应该是政府，但是客观的来看，面对经济社会发展的巨大压力，政府在保护方面是心有余而力不足。西方发达国家这类资源的保护很大程度上靠企业的资助和志愿者的协助，但是，这类的非政府组织和企业，目前在中国数量还比较少，所以，中国不得不把保护的主体推向市场，依靠市场来保护。因此，作为政府，需要研究如何引导市场在保护方面的积极因素，因为市场保护的积极因素说到底就是一个利益导向，就是通过利益的导向，引导到政府需要的行为上来，这才是问题的本质。因此，社会舆论、政策设计和制度安排都需要通力合作并往这个导向努力，这样才有可能在市场化过程中实现资源有效保护、合理利用的目标。

第七章

文化产业发展的市场拓展及市场主体培育

市场是文化产业发展的基石，市场容量的大小决定着文化产业的发展空间。发展文化产业，必须把市场拓展和市场体系的建立健全放到一个突出的位置上。企业是发展文化产业的当然主体，只有让文化企业成长壮大，才可能有文化产业的发展壮大。

在知识经济迅猛发展的时代背景下，文化产业越来越成为最富现代意义、与高科技结合最紧密的产业。由于文化产业作为一种“潜在”或“内在”的经济增长点，它对国家经济发展的贡献日益突出，受到了世界各国不同程度的重视。我国文化产业的兴起，得益于以经济建设为中心的二十多年来的改革开放战略。

随着人民生活水平的不断提高，新一轮消费结构升级已经准备就绪。从消费经济学的角度看，一个普遍的规律是，当恩格尔系数降到30%左右时，人们对物质需求的增长会逐渐减缓，而对精神文化需求的增长会不断加快。联合国粮农组织曾提出一个以恩格尔系数判定生活发展阶段的标准：60%以上为贫困，50%至60%为温饱，40%至50%为小康，30%至40%为富裕，30%以下为最富裕（目前欧美发达国家一般为20%左右）。1981年我国城镇居民恩格尔系数为56.7%，2001年则降至37.9%；2003年城市居民为37.1%，农村居民为45.6%。从这个数值来判断，广大人民群众的精神文化需求将会出现不断增长的趋势，以精神文化产品开发、生产、经营、流通、消费为主的文化产业将迎来一个较快发展时期。

进入21世纪以来，我国各地发展文化产业的热情异常高涨。在新经济时代，文化不仅仅是一种现象，更是一种生产要素，被企业家用于与资本结合，从而以工业化生产方式将其制作成商品、或以企业化管理方式将其规范为一种可交易的服务，迅速进入流通和消费领域。事实上，现代文化产业是一个巨大的“产业群”，它们从一个民族或地域文化发展的历史长河或未来趋势中，发掘出可供商业化开发的文化资源，然后将其开发为可供销售的文化产品或服务，不仅在产品或服务的销售环节实现利润，而且还将在该产品或服务的创意环节通过现代知识产权的保证再度获取利润。文化资源通过创意开发或商业展示成为一种产业要素，文化产业在满足人们日益增长的精神文化需求的过程中成为一个新的、“内在”的经济增长点。同时，我们发现，文化产业利润的实现，必须依赖于市场这一重要的不可或缺的环节。市场是文化产业发展的基石，没有市场，文化产品的价值就无从实现；没有市场，文化产业的发展就是空中楼阁。文化产业是市场经济发展到一定阶段的产物，但文化产业赖以生存和发展的市场却不是天然的，它需要人们不断地培育、不断地开拓。因此，必须把培育市场、激活消费作为发展文化产业的第一要务，否则，一切都只能是空谈。

一、市场拓展在文化产业发展过程中的重要地位和作用

现阶段，文化产业在我国正处于一个产业形成的初级阶段，这是由于我国的居民消费水平以及消费结构变化所决定的。我们有着全球最大规模的潜在的消费人口数量，但是由于经济发展的制约，以及中国传统的消费习惯影响，对未来的收入预期不足，因此对文化产品的有效需求尚显不足。据专家分析，近年我国居民的“娱乐、教育和文化服务”类消费支出结构中占大比例的仍是教育消费支出。

狭义地说，我国文化产业是指“为社会公众提供文化、娱乐产品和服务的活动，以及与这些活动有关联的活动的集合”，由提供文化产品（如图书、音像制品等）、文化传播服务（如广播电视、文艺表演、博物馆等）和文化休闲娱乐（如游览景区服务、室内娱乐活动、休闲健身娱乐活动等）等主体活动，以及与文化产品、文化传播服务、文化休闲娱乐活动有直接关联的用品、设备的生产和销售活动以及相关文化产品（如工艺品等）的生产和

销售活动等补充活动组成。

在文化产业领域，必须建立以赢利为目的的价值指标，运用以企业管理为手段的经营方式，形成以市场需求为导向的资源配置和投融资模式，同时，要从根本上对传统的文化管理体制进行改革。由于我国文化产业脱胎于文化事业，基于过去文化管理的重国民教化、意识形态管理的重政治引导、文化投资管理的重政府配置资源方式等观念的影响，在培育整个产业的过程中，彻底转变观念，区分文化事业和文化产业，开拓文化产业的市场空间就显得尤为重要。

任何一个产业的发展都是基于市场需求背景的。在物质匮乏的时代，巨大的需求空间使得所有的产品“供不应求”，生产者几乎不用考虑消费结构变化等因素，只需生产其产品便能通过市场销售出去。我国的经济发展经历过那样的时代，我们的文化发展也经历过那样的时代——一部进口电视剧《大西洋海底来的人》就能使万民空巷，一部港产电视剧《霍元甲》能使全国人民同操粤语高唱插曲“昏睡百年，国人渐已醒”。而社会发展到今天，人们的物质和精神文化需求随着社会的进步和发展，已显得日益多元化和多层次化，消费结构也日益成熟和复杂化，文化产品的供应也日益多样，人们面临更多的选择：今天“韩流”，明日“哈日”，后天可能又流行记录电影；有人欣赏《图兰朵》，也有人对国粹京剧痴迷，更有人为了观看流行歌星的演唱会而一掷千金。这一方面说明，我国文化产业的兴起顺应了我国居民消费结构的升级变化，以满足人民群众日益增长的精神文明需求；另一方面也说明，我国文化产业起步晚、经验少，还需要认真从消费市场的细分方面下工夫，进行市场开发和引导。也就是说，文化产业的兴起固然有其客观原因和现实可能性，而文化产业的发展壮大还需要对文化细分市场进行培育和开发，只有对人们的文化消费需求定位分析清楚，才知道市场开拓的目标在哪里；有了清晰的目标系统，文化产业的发展才有可持续的市场空间。

我国目前社会分化十分迅速。据中国社科院研究，我国有五大等级、十大社会阶层已初步形成。各阶层的生活方式显然不同，他们的价值观念、生活趣味也是天壤之别，而且文化消费肯定也是千差万别的。实际上，文化消费的差异性选择已初露端倪。而这种差异性，正是我们文化产业面临的巨大市场空间，值得文化产业从业者认真研究和开拓。

二十多年来“以经济建设为中心”的改革开放，无疑为中国社会带来了一场消费革命。一方面，市场经济体制的建立，使中国满足消费需要的形式发生了由自给性消费到市场化消费的转变。由于市场的配置作用，人们的消费选择范围扩大，因而使得人们的消费需要开始异质化和复杂化；同时，市场体制的建立使中国的消费需要具有“大众化”特征。另一方面，由于激烈的市场竞争导致技术进步和商品创新，使新产品不断涌现并进入消费者家庭，进而不断地引导消费者具体需要的变化，产生新的消费需求从而推动新兴产业的发展，形成新的经济增长点。文化消费的发展也脱离不了这一轨迹。

作为有中国特色的文化消费的培育和引导，必须确保先进文化的前进方向，坚持以“三个代表”重要思想为指导。发展文化产业是文化建设的重要手段，是贯彻科学发展观、建设全面小康社会的重要任务。因此，要充分运用市场机制，发挥文化的宣传教化和精神引导的作用，坚持以培育有理想、有道德、有文化、有纪律的公民为目标，努力提高全民族的道德素质，科学素质和文化艺术素质，为建设具有鲜明时代精神的当代中国新文化添彩。

二、拓展文化消费市场的方法与途径

当今世界，文化战略已经成为许多国家或地区发展的重要战略。在积极建设有中国特色的文化市场体系过程中，我们要从以下几方面入手，不断拓展我国文化产业市场，更好地满足人民群众日益增长的精神文化需求，更好地为社会主义文化建设服务。

在文化产业市场拓展中，首要解决的是体制问题。长期计划经济体制下形成的“平均主义”、“大锅饭”思想虽然在改革开放过程中得到了一定程度的改变和更新，但是在文化市场领域，由于过去过分看重文化的意识形态属性，而对其商品属性和产业属性关注和重视不够，制约了文化产业的发展。在发展文化产业，拓展文化产业市场过程中，传统体制的突破与创新成为当务之急。作为新兴产业的文化产业，需要在进行体制创新的基础上为发展构筑优良的体制环境。只有给予文化产业法定的、有一定自由度的体制空间和发展空间，文化产业市场的培育才不是一句空话。

如何拓展文化消费市场？首先，要切实解决有效供给不足的问题。文化产业是通过创造供给来培育和创造消费需求的，但长期以来，我们的文化产品生产游离于市场经济体制之外，市场需要的生产不出来，生产出来的市场不需要。甚至有部分文化产品，消费者闻其声似懂非懂，望其价囊中羞涩，观其言望而却步。这种局面严重制约了文化消费市场的发育。我们必须认真研究文化消费趋向的发展变化，准确把握消费心理，以市场为导向，努力生产适销对路的产品，并通过内容创新、形式创新、技术创新、服务创新，增强文化产品和服务的吸引力，进一步激活文化消费潜力。

其次，要明确文化产品的市场定位，细分文化市场。文化产品的雷同，是当前我国文化产业的突出问题之一，这样的结果是把原本庞大的市场大大压缩了。因此，任何一项文化产品或服务，在生产或提供之前，都必须首先明确自己的市场定位，确定目标消费群，细分目标市场。这样才能有针对性地进行产品研发、市场开发和市场营销，以避免文化产品的“千人一面”，多层次、多形式满足文化市场中的多元文化消费需求。面对不同的消费市场和不同的消费群体，必须选择不同的市场运作策略。

第三，要进一步打破所有制壁垒、行业壁垒、地区壁垒、部门壁垒，加快文化产业内部各行业之间的相互渗透、相互融合和相互支撑，建设文化产品专业市场和文化生产要素市场，尽快形成统一、开放、竞争、有序的文化市场。

第四，要建立有利于刺激文化消费的市场环境，培养一个庞大的消费群体。要加强对消费者的引导，提升消费者的文化品位，不断提高其消费文化产品和服务的水准；要建立有利于文化消费的市场拉动机制，让脱离实际、脱离生活、脱离群众的文化产品无法在市场上立足；要加大文化市场执法力度，严厉打击违法犯罪活动，整顿和规范文化市场秩序，营造良好的消费环境，保护经营者和消费者的合法权益。

第五，大力发展文化中介组织，为文化企业深度进入市场提供支持。中介组织是企业与市场之间沟通的桥梁，是促进文化市场良性运转、保障信息通畅、拓展市场空间不可或缺的因素。我国许多文化企业在市场领域中浅尝辄止、无法深入，其重要原因就在于，不熟悉文化产业的运作规律，把握不了文化市场运行规律，不能获取广泛充分的文化消费信息。这就需要大力发展文化产业中介组织，让企业和市场更好地结合，更好地适应市场需求和发展，最终实现二者的互惠互利、共同发展。目前，我国一方面面临着文化产品和服务的结构性短缺，另一方面则是文化单位生产出来的文化产品没有市场，形成了短缺与过剩并存这一极为特殊的现象。我们同时也发现，很大一批具有市场潜力的文化产品由于没有适当的打入市场的途径和中介，难于进入文化流通市场。也就是说，文化产品生产与流通之间是被割断的，使文化扩大再生产与文化总社会产品的流通无法进行下去。发展文化市场中介组织，目的就是要在生产与流通之间搭建一个顺畅的桥梁和纽带，使适销对路的文化产品能够顺利地进入流通环节，进而带动文化消费市场的发展。

在拓展文化消费市场的过程中，还要多方位、多渠道地利用资本市场，把文化产业做强做大，以产业的发展带动文化消费市场的发育。目前，文化产业已经逐步成为具有较高投资回报、较强市场号召力的新兴产业，初步具备了获得资本市场青睐的前提；政策方面，中国证监会2001年颁布的《上市公司行业分类指引》中，已经明确将"传播与文化产业"确定为上市公司的13个基本门类之一，为利用资本市场发展文化产业提供了政策依据；资本市场方面，目前沪、深两个证券交易所已经有数十家涉及文化产业的上市公司。因此，利用资本市场，是突破文化产业发展瓶颈的重要方法与途径。在利用资本市场过程中，我们可以积极构建债券、基金等资本市场新的融资体系。《国务院关于推进资本市场改革开放和稳定发展的若干意见》明确提出："在严格控制风险的基础上，鼓励符合条件的企业透过发行公司债券筹集资金，改变债券融资发展相对滞后的状况，丰富债券市场品种，促进资本市场协调发展。"这为文化产业借助资本市场提供了新契机。因此，文化产业市场拓展，要灵活、稳妥、积极地利用资本市场，为产业发展提供有力的促进作用。为了顺利地利用资本市场，文化企业要根据上市公司的要求，进行改制和再造，形成有效的治理结构，建立现代企业制度，为企业的可持续发展提供制度保障，促进文化产业市场主体的发育，尽快形成企业的比较优势和核心竞争力，与资本市场接轨。

拓展文化消费市场，要密切关注数字文化和网络文化等新兴文化，及时促进文化产业与新兴文化形态的结合，开拓更大的市场。目前，以数字化、网络化和多媒体化为代表的当代信息革命，给社会生活带来了崭新的文化形态——数字文化和网络文化。这些新兴文化的特点在于：利用网络特性拓展传播内容，不满足于简单复制传统媒体，而是走上了自主发展的新路。网络正在彻底改变着传统文化产业的物质载体，也成为令人瞩目的新增长点。文化产业与信息数字化、现代通讯技术等高科技结合起来，势必如虎添翼，极大拓展市场空间。数字化为我国文化产业的崛起提供了新的契机，我们要抓住这一机遇，通过跨越式的发展不断赶超世界先进水平，在网络世界实现中华文化的伟大复兴。

拓展文化消费市场，不能忽视“人”的因素。文化产业是高科技与文化高度联姻的领域，对专门人才的知识与能力结构构成有着特殊要求。这种要求是一种战略需求，这种需求能够得到满足将成为夺取文化产业未来制高点的决胜因素。同时，任何产业的发展和拓展不能离开人力资源，作为“创意产业”的智力服务型行业，文化产业以自己对高素质人才的极大需求而独树一帜。因此，在文化产业市场拓展过程中，人才的培养和“人尽其用”的管理方式将产生重大的影响。只有不断涌现高素质、懂技术、重实践、懂市场的文化产业人才，我国文化产业市场才能获得持续发展、不断拓展的动力，才能够在传统文化事业的基础上不断与市场较好地结合，提升传统文化，创新文化产业发展内容和发展模式。

拓展文化消费市场，必须有全球化的眼光，走外向型发展道路。文化产品是全人类的财富，文化消费是全人类的需求。而且，从文化消费心理的角度来看，人们有非常强的异质文化消费倾向，为世界各国文化产业的发展创造了互补和交流的前提和可能性。因此，发展文化产业也好，拓展文化消费市场也好，不能光盯着一城一地，甚至不能只看到国内市场，而是要立足国内市场，打开国际市场。打开国际市场，就是要积极实施“引进来”、“走出去”的国际化战略，紧紧抓住全球文化市场不断扩大的重大机遇，在全球文化产业分工协作中占有一席之地，既要利用国际文化资源，又要利用国际文化市场，把我国文化产业做强做大。从世界各国尤其是美国发展文化产业的经验来看，充分利用文化产品的国际性，打开和占领国际市场是壮大文化产业的一个重要途径。目前，我们要抓住我国加入 WTO、中国—东盟自由贸易区建立带来的良机，加大文化市场的对外开放力度，牢固树立“两种资源”、“两种市场”共同开发利用的观念，以放眼全球、立足全人类的超强气魄，研究全人类的文化消费趋向的发展变化，并根据这种发展变化来引导文化生产，用自己的文化产品去占领国际市场。此外，通过积极开展跨国生产合作，吸引大型跨国文化企业到我国来开设分支机构，以“借船出海”方式把我国的文化产品推向国际市场；积极举办和参加国际性展销洽谈活动；集中力量支持重点出口项目；构筑海外营销网络等多种手段，积极开拓外向型发展道路，加快我国文化产业的国际化步伐。

三、建立统一开放、竞争有序的文化市场体系

市场体系建设和文化产业发展密切相关。市场体系的完善规

范为文化产业的发展提供基础和前提，文化产业发展程度是市场化程度提高的重要标志之一。近年来，我国的文化产业蓬勃兴起，不断发展，但发展仍不充分，体系仍不完备。作为社会主义精神文明建设的重要阵地，文化市场在提高人们的思想道德素质和科学文化素质，帮助人们树立正确的人生观、价值观等方面有着不可替代的作用。只有用健康的、有益的、丰富的文化产品和文化活动占领文化市场，文化市场管理的成果才能巩固，文化市场面貌才能得到根本改变。因此，建立完善统一、健康开放、竞争有序的社会主义文化市场体系是文化产业发展过程中必须面对和解决的问题。

在建立文化市场体系中，首先要整顿和规范文化市场，也就是清除文化垃圾，清除腐朽思想文化的影响，营造健康向上的社会氛围，为优秀文化的发展和传播创造良好环境。

推进文化市场体系建设，要不断解放思想、与时俱进，推动文化产业观念创新。一方面，我们要破除孤立强调宣传导向的观念，确立在正确导向下抓市场份额就是占领意识形态阵地的思想；另一方面，要破除“面向市场”会导致意识形态领域失控的观念，确立统一开放的市场有利于发展文化经济、繁荣文化的思想。

建设文化市场体系，要从文化体制改革入手，进一步深化各类国有文化企事业单位内部机制改革，增强文化经营单位的市场活力。文化体制改革的核心问题有两个，一个是市场主体的定性，即文化部门是具有事业和产业双重性质的单位，还是单纯公益性的事业单位；一个是市场主体的定位，即文化产业部门是政府主办，还是与市场接轨。对于第一个问题，要区分不同情况，分别对待。任何文化部门都有宣传社会主义文化的责任和义务，同时又要按照市场规律运作。在社会主义文化市场体系建设过程中，我们要一手抓好公益性的文化事业，一手抓好经营性的文化产业。按照政企分开、政事分开的原则，在加快建立健全社会保障体系和配套政策措施的前提下，将非公益服务领域内的经营性文化事业单位逐步改制为企业或实行企业化管理。按照现代企业制度建立产权明晰、权责分明、管理科学的文化企业，使其真正成为自主经营、自负盈亏、自我发展的独立法人实体和市场竞争主体。公益性文化事业的发展要与经济社会发展相协调。从政府的角度讲，应当高度重视，制定政策，扶持发展；从文化单位来讲，不能脱离财力、脱离市场谈公益性文化事业的发展。公益性的事业单位，要适应市场经济的大环境，深化内部改革，加强成本核算，实行企业化管理。

社会主义文化市场体系的培育，要注意不断拓宽投资渠道，广泛利用社会力量开发文化市场，要鼓励多种所有制形式并存的文化产业发展新格局。文化单位要拓展发展空间，与企业、旅游、传媒、教育、会展业广泛合作，优势互补，共同发展。要破除发展文化经济单纯依赖政府投入和政策保护的传统观念，确立政府职能主要是“管”不是“办”、发展文化产业必须依靠市场的观念。为此，必须根据党的十六大和十七大精神，适当调整文化市场领域所有制结构，探索文化领域公有制的不同实现形式，积极发展非公有制文化企业；要破除就文化谈文化、文化部门是非生产性单位的观念，确立文化经济一体化、文化产业是支柱产业的观念。

在培育社会主义文化市场体系过程中，要逐步打破部门分割和地区垄断，建立统一开放、竞争有序的全国文化市场体系；坚持正确导向，加强宏观调控，调整产业结构，提高社会效益和经济效益，实现文化市场的更大繁荣。目前，我国文化产业的各个行业分属于不同的主管部门。这种条块分割的管理模式，一方面导致文化产业链条的割断，另一方面导致文化市场呈“围棋”分布状态。这不利于文化产业的规模化发展和文化大市场的形成。由于文化资源长期按计划分配，造成了文化生产布局结构的不合理，大企业不强，小企业不专，文化项目和文化产品重复建设问题突出，这种例子在各文化行业中比比皆是。文化产业是文化建设的重要支撑，是文化实力的核心和推进改革的重点，要坚持市场主导的方向，按照产业体制的要求理顺管理体制。要打破地域和行业界限，鼓励各种所有制经济包括外资投资文化产业中符合政策规定的有关行业，实现文化经济投资主体多元化、社会化和公共化。在国家法制规范和宏观政策的指导下，形成以国有文化企业为主体、多种所有制经济共同发展，跨地区、跨产业、跨所有制联合经营的新格局。

总之，在培育和建设社会主义文化市场体系中，管理部门要转变管理模式和管理手段，坚持依法行政，多提供政策法律保障，营造有利于文化产业发展的宏观环境，为文化产业的可持续发展提供完善有序的文化市场体系。

四、着力培育文化市场竞争主体

在社会主义市场经济条件下，企业是发展文化产业的当然主体，企业是构建文化产业有机整体的基础细胞。要采取各种措施、创造各种条件，鼓励和支持大批文化企业迅速成长壮大，造就一批能够产生品牌效应的知名企业，培育和扶持一批强势文化企业集团，用强大的企业群体来支撑文化产业的发展。要促进文化产业与其他产业有机融合，引导实力雄厚的非文化企业参与文化产业的发展，共同打造这一新兴产业。在培育市场竞争主体的问题上，要逐步打破所有制界限，大力扶持民营文化企业的发展，努力探索国有资产的多种实现形式。

文化产业的规模对文化产品的竞争力具有决定性作用。很多地方的文化产业竞争力不强，一个重要原因就是产业集中度不够，缺少规模化、实力强的文化产业集团，使丰富的文化资源得不到有效的开发利用，无法形成强有力的文化品牌竞争优势。因此，应当根据区域经济特点和文化资源的集中程度及产业链的关联效应，加大对文化产业的投入，加快组建具有规模优势的文化产业集团，尽快形成文化经济的生产和竞争能力。

回顾我国的文化产业市场，可以看到：在计划经济时期，我国绝大多数的企业性质都是全民所有制和集体所有制。企业单位仅是一个生产工厂，生产资料政府配给，生产产品政府包销，生产利润大部分上缴。企业既不可能承担投资风险和经营风险，也缺乏投资和经营的自主性，这样的企业不是真正意义上的企业，仅仅是政府的附属物。文化市场更是因为自己的“精神生产”、“意识形态”特性被国家“承包”，与市场脱节严重，游离于社会主义市场经济体制之外，缺乏活力和发展的动力。

随着改革开放的深入进行，中国经济的飞速发展，人民生活水平的不断提高，文化消费市场的不断活跃，社会主义市场经济催生了有中国特色的文化产业。市场经济条件下，市场与人们的生活息息相关，贯穿于生产到消费的全过程，企业成为市场中最重要的主体，是公共财政的税源。企业是市场上各类生产要素的提供者和购买者，又是各种消费品的生产者和销售者，市场离开了企业就成为了无源之水、无本之木。如何结合我国国情和实际更好地培育文化产业市场竞争主体，就成为文化市场发展的当务之急。

在着力培养市场竞争主体的过程中，首先，应加快发展准入条件低、市场化程度高的传统产业门类，如印刷、发行、影视、广告、演艺娱乐、文化旅游等，逐渐站稳脚跟；之后向网络游戏、动漫等新兴文化产业发展。同时，我们还要适应经济全球化和加入世界贸易组织的新形势，坚持“引进来”和“走出去”相结合，在更大范围、更广领域和更高层次上参与国际经济文化技术合作和竞争，充分利用国际国内两个市场，优化资源配置，拓展发展空间，改善投资环境，形成一批有实力的跨地区甚至跨国的文化集团和文化品牌。

在培育文化产业市场竞争主体的时候，要围绕增强市场主体的竞争力推进改革。要注意四个要点：一是做好管办分离工作，按照有利于增强文化竞争力和实力的要求确定管理部门的职能；二是按照现代文化集团的组织结构理顺集团内部关系，在竞争上岗、全员聘用、目标管理、绩效挂钩等方面完善制度和机制，实现良性循环，不搞重复建设，使集团真正成为具有竞争力的市场主体；三是制定相关的配套政策和各项社会保障制度，保证内部改革的向前推进，使集团在资源、投融资、人事、社会保障等方面能依法自主有效运作；四是整合多方资源，优化组织结构，打破行业壁垒，强强联合，提高整体实力，打造一批具有带动、辐射和示范作用的“排头兵”、“先锋队”式的龙头企业。

第八章

文化产业发展的人才和科技支撑

文化产业本身包含着丰富的智力和科技内涵，是一个以创意为重要动力的产业。人才、科技在文化产业发展中具有不可替代的地位和作用。培养一支与文化产业发展相适应的人才队伍并充分发挥人才的作用，不断提升文化产业的科技含量和应用能力，是文化产业发展的方向和趋势。

文化产业是在现代市场经济与知识经济背景下产生发展的新兴产业，其实质是精神文化产品和服务的生产、交换、分配和消费，以及由此而衍生的一系列新兴经济业态。而其中的每一个环节，都与人才与科技密不可分。与其他物质产品的生产相比，文化产品的生产更多地融入了人的因素以及人的需求变化，具有本身独特的发展规律。文化产业还被称之为创意产业、内容产业等等，本身就包含着丰富的智力和科技内涵，决定了人才与科技在文化产业发展的地位和作用是不可替代的。在一定意义上，智力与科技已经成为主导文化产业发展的最关键因素，国内外部分专家学者甚至认为，人力资本与科技是文化产业发展最核心的产业要素和产业资源。所以，我们在讨论文化产业发展问题时，是无法回避人才与科技在文化产业发展中的强大支撑作用的。

一、知识经济提升人才、科技的地位

人（劳动者）是生产力系统中最为活跃、最为积极的因素，是社会生产力发展水平最直接、最敏锐的体现者。尤其是在现代生产过程中，人力资源已经演化为一种资本，越来越广泛深入地融入社会再生产过程的每一个细枝末节。具备了一定知识和技能的劳动者（人才）成为主导社会生产的最核心力量，综合国力的竞争实质上已转化为人才的竞争。人才是知识的拥有者，人才是资本的使用者，人才更是财富的创造者。从一定意义上讲，社会物质财富总量的增加是资本转换增殖的结果，而在资本转换与增殖过程中，人的作用始终是第一位的。就资本在社会实践中发挥的作用而言，是人直接和最终决定了资本的效能，也使人本身成为资本构成的重要组成部分，而且是最积极、最主动、最活跃的部分，可以说，富有创造性的人才是经济社会发展的第一资源、第一资本。科技则是第一生产力，世界近现代以来的每一次技术革命，都广泛深刻地带来了社会生产的变革，改变了整个社会生活以及世界政治经济的发展格局。18 世纪 60 年代从英国开始的第一次科技革命导致了以蒸汽机和自动纺织机的使用为代表的工业革命，促成了社会生产从工场手工业到机器大生产的变革，极大地提高了社会生产力。从 19 世纪 70 年代开始的第二次科技革命，以电力的广泛应用，电机的广泛使用以及电讯业的迅速发展为标志，使工业化与电气化结合在一起，极大地解放了生产力。第二次世界大战以后开始的第三次科技革命，以原子能技术、计算机技术和航天技术的突破性发展为标志，推动社会生产力取得了前所未有的进步。当前，科技进步日新月异，以信息科技与生命科技为代表的科学技术突飞猛进，知识经济迅速兴起，以知识创新、技术创新、人才和高新技术产业为核心的综合国力竞争日益激烈，给世界生产力和人类经济社会的发展带来了极大的推动。据一些科技专家预测，在未来 30 年到 50 年里，世界科学技术会继续出现重大原始性创新突破，很有可能在信息科学、生命科学、物质科学，以及脑与认知科学、地球与环境科学、数学与系统科学乃至社会科学之间的交叉领域形成新的科学前沿，发生新的重大突破。近两个世纪以来，人类所创造的社会财富是此前人类有史以来创造的社会财富总和的数倍，其根本原因就在于人类拥有了现代科学技术这一强大的生产武器。科技对经济社会发展的助推力被发挥到了无以复加的程度。

进入 21 世纪以来，我们迎来了一个知识经济凸显强势的时代。在整个世界范围内迅猛兴起和不断发展的现代文化产业，既以知识经济作为其赖以存在的基本背景，同时又是知识经济的重要组成部分。知识经济是一种以广义上的知识为主导因素所构成的新的经济形态，它是以知识、智力、无形资产的投入为主的经济，经济发展的动力主要来自于高新科技和掌握了科技的人才。知识经济的最大特点是高效率、高效益的生产与组织方式，生产与消费再一次融合，工业经济时代的分工被重新整合，生产与消费高度社会化；人力资本是最活跃的生产要素，文化与知识本身成为最主要的产品。其中，信息网络成为知识经济的基础设施与基本环境，网络与信息技术拉近了世界的时空距离，使经济全球化成为现实，从而消除了供求中的许多矛盾因素。在这个意义上，发达国家和发展中国家的差距，在本质上是知识的差距。发展中国家的自然资源和人口占世界的大多数，但世界上 90% 以上的科技投入、科技人员、科技活动却集中在发达国家。中国的国情十分复杂，就经济而言，发展不平衡，多种经济成分、多种生产方式、多层次技术水平并存，市场和产业格局尚处在大的变动之中。在这种条件下，全社会共同向知识经济社会迈进是难以做到的。但不等于我们可以忽视自己的知识经济萌芽，或放弃发展局部的知识经济。我们既要工业化又要同时信息化。我们要创造环境，加强导向，完善支撑条件，全力支持与知识经济相关的产业快速成长。对于面临重大机遇和挑战的中国经济社会来说，科技和人才所焕发出的巨大能量无可替代。

历史上，当重大的技术变革向整个社会广泛渗透时，就会带来经济的结构性进步。19 世纪末出现的铁路，20 世纪中期的电子和汽车工业，都是促成经济质变的关键因素。当前新经济革命的一个重要技术基础，就是信息网络。以铁路、石油、发动机为核心创造了动力文明，延伸和解放了人的体力，而知识与信息革命则使人的智慧得到延伸和爆发。知识经济不是工业经济的简单延展，信息革命创造了在世界范围内重新洗牌的机会。这对于正在富国强民的建设中奋进的中国来说，无疑是新的历史机遇。

可以说，现代文化产业的背景和基础就是知识经济，或者这样说，文化产业就是知识经济中的一个重要组成部分。美国具备了最先进的技术，获得了最尖端的人才，同时又拥有了庞大的资本和良好的宏观调控，这些必然导致美国知识经济和文化产业的产生和发展。在韩国，他们制订的振兴文化产业计划中，则把现代科技的应用和高素质的人才作为重中之重的组成部分来看待。只有从知识经济的角度来认识现代科技和人才在发展文化产业中所具有的重要作用，才可能把握住问题的关键。

二、现代科技是文化产业发展的强大动力

当今的时代正处于一个技术快速变化、知识不断创新和体制迅速变革的时代。以知识、信息和全球化为主要特征的新经济对我们的未来经济生活的方方面面将产生极大的影响，从工业革命利用动力工具替代人类的体力劳动，到信息革命利用智能工具替代人类的脑力劳动，文化也正在承受着前所未有的冲击。科学技术的进步使人类的消费领域得到了极大的拓展，尤其是使新的精神文化消费领域不断涌现，世界变得更为丰富多彩，同时也使文化的生产、传播、流通发生了翻天覆地的深刻变革。作为在知识经济时代产生和发展的新兴产业、朝阳产业，文化产业的发展一刻也无法离开现代科技的支撑。科技对文化产业的强大支撑作用体现在以下一些方面：

1．现代科技在文化产品制造中的重要作用。当前在文化产业发展上有一个误区，就是认为文化资源丰富，文化产业必然发达。其实，从产业资源角度看，区域和城市历史文化积淀并不是严格意义上的文化产业资源，历史文化积淀中的有些方面和部分，对

消费者可能具有一定的文化吸引，但这种吸引只是文化产品的要素之一，不等于完整的文化消费产品。必须走出“自然论”误区，在丰富的历史文化资源中挖掘寻找市场因素。而真正把文化资源转化为文化产品，进而把文化资源优势转化为经济优势，必须借助于现代工业技术的加工，借助于科技的主要物化形式——现代机器体系和现代加工工艺。只有这样，文化产品才能被源源不断地生产出来，才可能形成现代化的产业规模，发展真正意义上的文化产业。

当今时代，高新科技已经成为社会生产力发展的火车头，文化艺术生产的发展和创新也越来越多地依赖于高新科技。如电子传媒及数字化、网络化技术的出现，对于文化艺术产品的传播和流通就起到了非常重要的作用。衡量一个艺术表演作品的社会影响，不仅看传统意义上的剧场演出场次，更重要的是要看其转换成各类音像制品的发行量以及利用电视、互联网络传输的程度。高新技术在文化生产中的运用，不仅会带来文化产品形式的创新，而且会使文化产品的经济价值得以成倍放大。例如，大卫·科波菲尔通过高科技手段展示梦幻般的魔术，赢得了全球的盛誉，也为他带来每年6000万美元的收入；迪斯尼把高新技术应用于文化娱乐业，销售额成几何级数增长，已成为世界文化产业无可争议的“帝国”，其影响已渗透到世界上绝大多数国家和地区；好莱坞用最新的高科技来武装自己，实现了高新技术与表演艺术的完美结合，把电影的制作变成了科技力量的竞争，一部部好莱坞大片甚至超越了电影艺术本身，每一个毛孔和细胞都充满了高新科技的运用。其产品不仅占领了美国市场，而且冲击着世界电影市场的每一个角度，连法国这样的老牌电影生产国也不得不依靠政府的力量采用文化例外规则来抵御好莱坞无孔不入的强大攻势。

现代高新科技越来越广泛地渗入文化领域，文化产品和服务的科技含量越来越高，为优秀精神产品的生产和传播提供了强大的武器，也为精神垃圾的制造和流传提供了可能。互联网中出现的某些不健康内容，正是这种表现之一。而某些西方国家对我国转变策略，即从过去的“鸦片战争”发展到今天的“胶片战争”，这些都是我们必须要认真面对的。我们要主动运用高新科技手段，加强文化原创性创作与开发，加大对文化市场的监管力度，有效地打击各类形式的盗版和侵权行为，使我国文化产业更加健康地发展。

2. 现代科技在文化产业结构升级中的作用。文化的魅力在于其久远的历史积淀，而科学技术则是常变常新的，二者结合还使得大众传媒成为人类文明的重要组成部分。科学技术赋予传统产业以新的生命，它也帮助创造新的产业，例证之一就是文化的产业化。文化产业的生产具有极高的创造性和个性，这种创造性和高科技的制作传播手段相结合，是文化产业能否快速发展的关键。在知识经济蓬勃兴起的背景下，高科技成果对文化产业的渗透和改造越来越明显。

把文化产业置于知识经济迅猛发展的当代世界背景下来看，近十年来，文化产业已经发生了重大转变，越来越成为第三产业中最富现代意义、与高科技尤其数码技术发展结合最紧密的产业，并且越来越反过来影响和改变传统文化产业的面貌。高新技术对传统文化的支配和渗透，使文化本身的发展出现了巨大的变化。在美国，知识内容的生产行业包括出版、软件、信息服务等，被称为“内容产业”；在加拿大，提出未来十年是“数字化+文化内容”的超级产业竞争。在我国现有的文化产业中，科技的含量太低，使我国的文化产业在国际上的竞争力明显偏弱。因此，要发展中国的文化产业，要积极鼓励知识创新、技术创新，努力提高文化产品的科技含量，用现代技术提升传统文化产品质量，增强文化产品的市场竞争力。尽一切努力将现代科技成果尽快地应用和体现在文化产业发展之中，实现科技成果与文化产业的结合。只有依靠高技科技的力量，才是缩小中国文化产业与发达国家文化产业差距的最有效的手段。只有加快科学技术在文化产业领域的应用，才能实现中国文化产业的跨越式发展，实现中国文化产业由落后向先进的转变。

3．现代科技对文化产品流通的作用。文化产品的流通，其实质就是文化的传播与交流。从古到今，传播与交流的一项重要贡献是使各个民族的文化，以及作为社会生产力的科学技术呈现高度交融状。交流行为本身就冲破了旧有科学门类的壁垒，导致不同文化因素的交叉与重组，并使原来各学科之间壁垒森严的状况正被不断打破。

宏观经济理论从经济要素的社会作用出发，提出了现代社会经济系统中主要有三个流的观点，即信息流、物流和资金流。有了流就必然要形成网，如同一个人身上有许多网络，一个社会也是如此，因此也就有了网络经济的概念。网络化发展趋势说明了各生产要素之间的联系在不断加强，是人类生产活动社会化的总体趋势，并使作为社会生产力的科学技术呈现高度交融状。如今，通信卫星已覆盖地球表面，要更大范围地、或者更有权威地影响社会舆论，已经变得易如反掌。美国的 CNN 在铺天（卫星）盖地（有线电视）地发送节目的同时，还为广告商们提供了一个全球性的市场，世界上超过一百个国家播放 CNN 的节目，全球每天有十几亿人收看，CNN 因此塑造了一个全球性开放式的人类信息交流的独特形象。

以数字化信息技术的出现为标志，国际文化产业已经通过与信息产业的合流（美国北美行业分类系统，因此将出版、电影及唱片、广播电视等与软件、数据库、通信、信息处理服务重新定义为信息产业），完成了从早期文化产业（文化工业）向现代文化产业转型。文化工业根据载体不同，依照传统工业标准划分为各部门，并局限在传统的传媒业范围内；而现代文化产业则是横跨通讯、传媒、计算机诸产业领域的新兴的综合产业，涵盖了以往所有现代媒介所负载的内容。

4. 科技发展催生新的文化产业业态。科技是文化产业发展的强大动力，随着科技进步速度的加快，新技术应用的迅猛发展，科技对文化产业发展的助推作用将由点到面、由面到体，呈放射网络状的态势全面展开。以知识技术、智力为主要资源的新文化产业业态在科技的渗透和扩散作用下，不断在新的领域涌现出来，发展空间得以极大拓展。而利用科技开拓的文化产业发展新领域，充分显示出聚集其他生产要素的扩展和放大效应，带动了电信、计算机软件、家电制造业等其他相关产业的综合发展，而具有信息化、高科技化、专业化特点的网络游戏服务、平面设计、动漫和游戏软件开发制作、影视制作、文化传播等一系列新兴业态也在这个过程中如雨后春笋般成长壮大起来。如目前风行全球的手机短信业，正是在科技信息业迅猛发展背景下催生而来的，体现了科技对文化产业的推动，以及科技信息业与文化产业的交叉融合。据统计，我国手机用户数量已达到2.5亿，平均每天有超过3亿条短信在用户的拇指之间传送，仅按每条0.1元计，就是3000万元。而来自世界GSP协会的统计，2003年世界范围内手机短信总量为5100亿条，其中中国达到1700亿条，占全世界短信量的1/3。手机短信除了聊天、问候外，还有订购新闻、收看天气预报、参与答题游戏、电视晚会点评、与广播电视节目主持人实时交流、分析股票信息、了解房地产信息、成为节目嘉宾、投票决定电视小品的结局、点播音乐和娱乐节目等多项增值业务，而其构成的产业和市场被人称为“拇指经济”。短信业甚至改变了中国人千百年来传统的拜年习惯，2004 年春节，采用手机短信拜年的人数竟然占到了 36%，远远超过了采用其他方式的人群①。

三、人才是文化产业发展的基础

不断创新是文化产业可持续发展的根本性保障。党的十六大报告指出：“创新是一个民族进步的灵魂，是一个国家兴旺发达的不竭动力，也是一个政党永葆生机的源泉。”中国有悠久的历史和灿烂的文化，可挖掘的传统文化资源相当丰富。但是，多年以来，由于人才的缺乏以及创新意识的不足，很多产品只能进行低水平的粗放式生产，不仅造成资源、资金、人力、财力的浪费，而且产品质量较低，缺乏相应的市场竞争力，很难进入国际市场与世界同行竞争。在文化产业这个创意主导的领域里，创新的关键在于人才，没有大量的人才储备，脱离了人才的作用，创新永远是一个可望不可及的梦想。而脱离了人才的创意、设计、管理、经营，文化产业就很难具备应有的生命力和竞争力。

1．任何创新都是由人才来实现的。只有不断创新才会使文化产业获得新的生命。这首先表现在原创能力方面。要想出高水准的文化产品，并产生较好的社会效益和经济效益，必须有大批高水准的设计创意人才，编、导、演艺及专业制作人才和高素质的经营管理人才。如在全国京剧演出十分不景气的情况下，旅日京

---

① 参见花建、巫志南、郭洁敏、王国荣、吴文娟等：《文化产业竞争力》，广东人民出版社 2005 年版。

剧人吴汝俊从日本带来一出京剧歌舞《贵妃东渡》，竟轰动京城剧坛。他大胆地引进现代科技设备和手段，为该剧设计配置了音响、灯光、布景和音乐伴奏，给观众以全新的视听享受。2004 年春天，京沪两地的京昆和歌剧、交响乐团的艺术家300 多人联袂排演了大型交响京剧《大唐贵妃》，由全国顶级京剧表演艺术家李军、史敏、李胜素、于魁智、汪正华、张学津、梅葆玖等担纲，该剧按照白居易的叙事诗《长恨歌》来铺排情节，改革了京剧演出的传统程式，探索了从服饰、化妆、演唱到中西器乐伴奏、灯光、置景等全方位的创新尝试，使整场演出充满了诗情画意，同时也取得了良好的剧场效果和不菲的票房收入。排练该剧首期投入了400 万元，仅在上海演出的前四场就收回了成本。通过这两个事例，说明要创作出一流的文化产品，必须打破行业和国家、省市的地域界限，完全按照文化产品的生产规律，实行人才自由、合理的流动、交流和合作。尽快改变现有文化人才地区、单位所有的体制，实现人才资源管理的社会化和人才供求的市场化。推出文化体制改革新举措和大动作，按照市场运作规律，建立“无主管”的经营和营业性的文化产业集团，打造一批文化企业“航母”，形成文化产业竞争优势。

2. “创意产业”凸显人才作用。在知识创新的意义上，文化产业还被誉为“创意产业”。在以知识经济为主导的21 世纪，科技与人才将是推动中国经济发展、促进社会进步最强大的动力。科技和人才是新世纪的当然主题，科技赋予人才以崭新的意义和价值，而人才又以自己的创造不断推动科技的发展。所谓创意，无疑是优秀人才的创造活动，离开了人才的创意，文化产业不可能得到真正的发展。正像在英国、欧洲大陆、新加坡和马来西亚那样，政府资助的信息技术创新已经证明，能够在以知识创新为基础的文化产业与经济发展之间形成许多交叉点。“创意产业”概念就是这一发展战略的核心，它越来越多地被用来形容国民经济中运用“智力资本”的文化服务和文化产品的生产与流通的部分。或许因为禁锢太久，即使在这个“前工业化”时代，人们对于文化产业的理解依然停留在浅薄的文化开发上，以为文化产业就是搞几台演出，办几件文化展览，划定几个旅游景点。美国迪斯尼公司于1955年建立了“迪斯尼乐园”，把可看的动画片变成可玩可触摸的动画城，2005年来北京的“冰上迪斯尼”短短12天又是赚了个盆满钵盈。为充分利用其形象专利，迪斯尼专卖店还出售有迪斯尼形象的玩具、服装、纪念品以及建造主题公园等。一件普通的T恤只卖10美元，而有了迪斯尼形象之后就可卖40美元。有人把这种做法称为“滚雪球”，这其实是文化的“链式”开发。对照国内，我们的“后续产品开发”可谓凤毛麟角，这在根本上讲，是由于我们缺少从深层次通过各项改革，激活人才的创造力以及从各个层面开发人才的能力。

四、突破文化产业发展的人才瓶颈

人才的缺乏，特别是高素质、复合型的与文化产业发展相适应的人才的缺乏，已成为我国各地文化产业发展的一大瓶颈制约因素。西部省区在这个问题表现得更为突出，即便是上海、广东、江苏等东部沿海地区，人才缺乏也是一个不容忽视的问题。因此，当前我国各地发展文化产业的过程中，解决人才问题，为文化产业发展提供强大的智力支撑，是一个极为紧迫的任务。

首先，要树立人才是文化产业发展第一资源的观念和认识。2003年12月，党中央、国务院出台了《关于进一步加强人才工作的决定》，提出人才强国战略，并指出：“当今世界，多极化趋势曲折发展，经济全球化不断深入，科技进步日新月异，人才资源已成为最重要的战略资源，人才在综合国力竞争中越来越具有决定性意义……必须把人才工作纳入国家经济和社会发展的总体规划，大力开发人才资源，走人才强国之路。”小康大业，人才为本。在人才的作用更为突出的文化产业发展领域，人才更是成为第一资源。没有创意、没有设计、没有资源整合、没有市场营销，文化产业的发展就只能延续粗放经营的传统老路，文化产品就只能是附加值极为低下、资源依赖型的初级产品，其市场竞争力与综合实力就永远只能徘徊于较低层次和水平。改变这一局面的唯一出路在于人才的培养和使用，如原创艺术人才、生产经营管理人才、市场营销人才等等。更为重要的是，文化产业各门类的每一个社会再生产环节，都充满了人的智力因素，都融入了人才的创造及与消费者（人）的沟通与交流，从这一点上来说，文化产业就是化人、人化的产业。不考虑人才的作用，不考虑人的需求变化，文化产业领域的特殊发展规律就难以体现，文化产业的发展壮大就是一句空话。因此，树立人才是第一资源的认识和观念，在文化产业发展过程中是至关重要的。

其次，要牢固树立科学的人才观。讲人才，第一位是要树立新的人才观，善于发现身边的人才。“人才存在于人民群众之中”，这是我们应该牢固树立的一个观念。什么是人才？一是利用自己的智慧和知识能够创造巨大财富的叫人才；二是实用就是人才。只要具有一定的知识或技能，能够进行创造性劳动，能够为文化产业发展作出积极贡献，都是文化产业发展所需要的人才。所以，要坚持德才兼备原则，把品德、知识、能力和业绩作为衡量人才的主要标准，不唯学历、不唯职称、不唯资历、不唯身份，不拘一格选人才。鼓励人人都做贡献，人人都能成才。从文化产业发展的形势来看，目前最急需的，一是管理型人才，二是知识型人才。要开展名导演、名演员、名总编、名台长、名编辑、名记者、名播音员、名主持人和名出版家、名作家、名画家、名舞蹈家、名歌唱家及名文化企业家、名文化经纪人等的评选和推介活动。通过社会评选名人，使文化产业专门人才脱颖而出，形成一个强大的文化产业名人阵容。必须强调对历史文化名人的尊重问题，实际上这也是一个开发历史文化资源的问题。发展文化产业，首先要尊重文化人。只有尊重文化人，才能够繁荣文化、发展文化。要尊重今天的文化人，先要尊重过去的文化人。新的人才观，还要求人们树立对于人才不求所有、但求所用的观念，人才的归属权并不是决定一切的根本，关键是要用好人才，让人才发挥作用。

再次，要为人才的脱颖而出、成长以及发挥作用创造一个良好的社会环境。重视人才，首先要做到实实在在地重视。尊重知识、尊重人才，我们已经讲了很多年了，党的十六大报告又提出要尊重劳动、尊重知识、尊重人才、尊重创造。归根结底，就是要尊重人才，人才是知识的载体，是劳动和创造的主体。但在现实中，在使用人才的问题上，在尊重人才的问题上，人们总是在言行上有很多的偏差。口头上重视、行动上轻视，遇到人才时弃之等现象比比皆是。有部分领导干部在台上口口声声高谈人才如何如何重要，如何如何要使用好人才，但真正面对人才时，却不能为人才提供一个可以充分展示才华、发挥作用的空间，不能为人才解决一些实实际际的生活、工作、学习上的问题，甚至还人为地设置障碍，严重地挫伤人才的积极性和创造性。现有的人才闲置着不用，或是不好好地使用，却去空谈培养人才、引进人才。这些现象的根源在于我们的部分领导干部。要为人才的成长、成才创造一个良好的社会环境，这是必须解决的一个首要问题。对人才的重视，必须从实际上，从行动上，从解决实际问题上来加以体现。要为人才创造一个有所长就能有所用，人尽其才、才尽其用的工作环境，为人才创造一个无后顾之忧的生活环境。要用事业造就人才，用环境凝聚人才，用机制激励人才，用法律保护人才，为人才创造想干事、能干事、干得成事的良好社会环境。改进人才使用管理制度，建立规范的人才有偿转让和自由流动机制。允许和鼓励具有自主知识产权的人才创办文化企业，或占有企业股份，参与利润分配，使其价值得充分体现。从我国文化产业发展的趋势看，尤其是那些能适应多种产业融合需求的文化资本营运人才，系统数字艺术软件开发人才和媒体产业经营管理人才，将成为各类文化产业集团、文化投资集团争夺的焦点。因此，应加紧对复合型、高素质文化产业人才的培养。

要突破目前制约文化产业发展的人才瓶颈，就必须着力培养一支文化产业发展所需的高素质人才队伍。

培养一批爱岗敬业、学有专长的文艺原创人才。无论是文学创作、文艺表演、音乐舞蹈、美术绘画方面，还是文化研究方面，都亟待培养出一批在全国乃至世界具有一定影响的文学艺术家、文化人类学家。从物质上、精神上对具备文艺创作素质的文艺人才给予激励，鼓励他们贴近实际、贴近生活、贴近群众，创作出大量让人民群众高兴、满意，为人民群众接受和喜闻乐见的优秀作品，推动文艺创作的全面繁荣，为文化产业的发展提供原创性的精神产品，夯实文化产业发展的基础。

培养一批文化产业创意人才。创意是文化产业尤其是现代意义文化产业发展的核心，现代文化产业的核心竞争力只能来源于风格独特、充满智慧和灵气的创意。文化资源的整合，文化资源品质的提升，都有赖于创意的支撑。一项文化资源的开发和挖掘，常常会因为创意和设计的不同，产生千差万别的结果。没有适合于现代消费趋势和习惯的创意，再好的文化资源也只会变成一堆毫无价值、乏人问津的文化次品。而有了好的创意，平淡无奇的文化资源往往又会产生神奇的转变，变成人人追捧的文化精品。因此，创意人才的多寡，往往成为文化产业能否得以壮大的关键。不注意对创意人才的培养和使用，文化产业就很难有较大的发展。

培养一批善经营、懂管理的文化产业发展经营管理人才。文化产业要做大做强，没有经营管理者不行。一件好的作品，如果没有营销人才进行包装、运作和推销，是很难产生效益的，被束之高阁必然是其最终命运。具备了优秀的经营管理人才，好方案、好主意、好想法才可能得到落实。所谓优秀的经营管理人才，是指那些能够深刻认识文化产品的意识形态属性和商品属性，掌握文化发展规律，精通经营管理技能，同时还能准确领会和把握中央大政方针，了解广大人民群众需求的专门人才。

挖掘一批来自民间的工艺大师。他们生长在民间，吸取民族传统文化的营养，承传上辈的精神财富和工艺技术，结合自己的见解，提炼、形成了新颖的自我风格。这些民间工艺大师，在设计制作民族民间工艺品方面都有独特的建树。还有许多民间音乐舞蹈、绘画艺人，他们的作品来源于生活，取材于实际，是广大人民群众喜闻乐见并易于接受的，是不可多得的宝贵财富。同时，我们要深刻认识到，由于他们中许多人年事已高，如果不注意对传承人的培养，一旦他们作古，一门绝活也许便从此失传。所以，各地要特别关注那些民间艺术家，采取有效方式延续他们的智慧，培养他们的传人，为文化产业发展培养一代又一代的优秀人才。

培养一批有较强市场应变能力的文化品牌策划、文化产品设计、文化生产经营、文化中介服务、文化市场营销等方面的人才。

实行以全员聘用制为主的用人制度，充分运用市场机制合理配置人才资源，实行人事代理制，给予文化工作者更多的择职自由。要建立和完善新的机制，使现有的专业设计人才能够更为便捷有效地进入文化产业领域，发挥作用。针对不能将设计及时转化为商品的问题，可以采取由政府有关部门或中介服务机构出面组织，设计通过验收后，以买断或配股等方式组织生产。民间艺人的使用仍需继续摸索，尤其要研究如何使上述两类人才得到有机互补，相互促进。加大本土文化经营人才和文化专业人才的培养力度，积极地发展文化产业经营管理的高等教育，以高校为依托，建立文化产业人才培训基地，尽快开设包括文化产品设计、文化生产经营、文化经纪、文化市场、文化管理等在内的相关专业课程，鼓励各地教育部门把初级人才培养纳入各级职业培训范畴，逐步形成多层次、立体型的人才培养机制。要加强人才交流，加大吸引知名文化人的力度，广泛引进国内外知名的艺术家、经纪人为当地文化产业发展贡献力量，创业发展。对有突出贡献的文化人可以以知识产权的方式入股，这就是名人效应。名人没有金融资本，但他们的才能和知识产权就是一种对文化产业发展更为有效的资本。

当前在文化产业人才培养上尤其值得注意的是，要彻底改变搞文化的不懂经济，搞经济的不懂文化的突出现象。文化产业从本质上是一个经济门类，同时又深刻体现着文化建设的特殊发展规律。无论是从事文化产业发展的理论研究，还是从事文化产业发展的操作实践，都不可避免地需要同时具备文化和经济两个方面的知识和技能。仅用纯经济的眼光，或是用纯文化的眼光来对待和理解文化产业发展，都是会有极大的局限和偏颇的，也会使文化产业的发展走进似是而非的误区。因此，搞文化的人必须加紧学习经济基础知识和经营管理技能，掌握经济发展规律；而搞经济的也要加紧学习文化基础知识和相关技能，掌握文化发展规律，从而把对经济发展规律的认识和对文化发展规律的认识有机统一起来。文化产业发展最需要的，正是既懂文化，又懂经济；既懂经营，又懂管理的综合型人才。

对于人才的培养，一是要改革人事管理制度。探索文化人才的行业管理办法，促进人才合理流动。加大引进海内外高层次优秀人才尤其是紧缺人才的力度，制定吸引文化人才的优惠政策，积极解决引进的高层次文化人才的后顾之忧；二是要以各种方式送出去培养。把“请进来”和“送出去”有机结合起来，立足于本土人才的培养，同时也把送出去学习进修或交流锻炼当作一个主要形式。在一定时间内选择一批具有培养潜质的人才，送到国外、省外高校或专门培训机构进行学习进修，或是到相关部门挂职交流，通过外部力量培养本土文化人才；三是建立人才培养专项资金。通过财政专项支持以及文化企事业单位捐赠等多种渠道，筹集优秀人才培养基金，为人才培养提供物质保障；四是在有条件的高校设置公共文化管理人才培养专业，着力培养公共文化管理方面的专业人才，提高文化人才队伍的整体素质和质量。

第九章

文化产业发展与国家文化安全

经济全球化推动了文化全球化。文化全球化的实质就是强势文化借助于强大的经济实力对全球的全面渗透，对我国及其他经济、文化弱势国家的文化安全提出了严峻的挑战。立足资源优势，大力发展具有自身特色的文化产业，主动向世界文化市场出击，是维护我国国家文化安全、保持文化多样性的最有力的手段和途径。

随着经济全球化进程的加快，文化的国际间交流、融合也在广泛深入地展开。而文化实力强大国家的文化产品也在经济全球化过程中，加快了向国外市场的进攻步伐，同时凭借着资本优势、产品竞争优势、经营管理优势，对文化实力相对弱小国家的文化市场形成了强劲的压力和冲击。更为突出的是，这些文化产品还负载着诸多的观念意识、价值判断甚至是意识形态的内容，对文化产品输入国的文化体系、价值体系、观念体系产生了巨大的影响。在这样一种形势下，无论是文化产品输入国接受与不接受，文化全球化的趋势都开始在文化产品传播的过程中初露端倪。而各国的文化安全问题也因此被前所未有地摆上了前台，如何在文化产业发展强势的冲击下保持自己文化的多样化和个性，维护国家文化安全，成为文化产业后发国家必须面对的一个严峻课题。

一、经济全球化催生文化全球化

许多学者认为全球化是一种历史进程，但也有许多专家不同意这种看法，认为经济全球化的根本前提是全球统一大市场。在全球市场分开的情况下，国与国之间的经济交往、地区之间的自由化贸易不等于经济全球化。经济全球化有其内在的本质的动因。他们指出，经济全球化于 20 世纪 50 年代产生，90 年代形成高潮，这有其必然性。冷战结束后，占世界市场三分之一的前“社会主义阵营”发生了变化，开始探索建立市场经济体制，完全意义的全球大市场在这个过程逐步诞生，国与国之间的经济交往交流日益频繁，国际贸易成为发展经济的重要因素。从世界经济总体来看，1978 年世界贸易占世界 GDP 的比重仅为 9.3%，而 1998 年上升到 24.3%，国际贸易对世界经济的拉动作用日益增强。作为经济全球化的主力和载体的跨国公司大发展，加速了经济全球化的历史进程。据统计，跨国公司的产值占世界总产值的40%，国际贸易的60%，国际技术贸易的60%—70%，对外直接投资的90%。联合国贸发会议《1999年世界投资报告》指出，跨国公司已成为全球经济的核心，在推动经济全球化和世界对外直接投资的高速发展上起到了主导作用。跨国公司通过在海外设立子公司，不仅可以绕过许多壁垒和限制，迅速掌握当地的市场需求，有效利用当地资源，也可以通过内部贸易降低生产和交易成本，提高经济效益。这便促成了生产、流通和消费的全球化，使经济具有实际意义上的全球化。

"新经济"出现，催生了经济的全球化。信息技术和互联网突飞猛进，人类知识所形成的第三次技术储备在通讯、计算机和网络领域不断释放出来，在数字化、网络化、智能化上加以体现，发生了信息革命和数码革命，信息技术和互联网把各个国家和各个机构连在一起，人类在这个全新的基础上进行生产、贸易、科研、学习，开展各种社会活动并进行文化交流，节约了时间和成本，大大提高了经济效益和社会效益。瑞典爱立信集团公司董事长拉斯·兰姆维斯评论说，互联网和数字通讯彻底改变了我们的生活方式，使地球村变成现实，构成了经济全球化发展的主要驱动力[①]。在这个过程当中，由于地域的局限被越来越先进的通讯、交通技术所打破，国与国、组织与组织、人与人之间的经济、政治、军事、文化的交流与合作变得越来越容易、越来越频繁，在这样的形势下，如何处理和对待各自与生俱来的文化底蕴和文化传统成为一个无法回避的问题。不同意识形态之间、不同观念之

① 参见吴迎春：《如何面对经济全球化——"21世纪论坛"中外专家关于经济全球化的讨论》，http://www.people.com.cn。

间、不同文化之间必然会在经济全球化过程中发生激烈的碰撞和交锋，进而进行交流、沟通，最终走向融合，使文化全球化成为不可避免的事实。因此，我们可以断言，全球化首先表现为经济的意义，但经济生活的全球化必然会对不同区域内包括文化生活在内的全部社会生产生活活动产生深刻的影响，对人们的价值判断、行为选择、管理结构、权力模式和政治参与也将产生深刻的影响。

因此，全球化是一个整体性的社会历史变迁过程，其基本特征就是，在各国经济日趋融合的基础上，世界范围内产生一种内在的、不可分离的和日益加强的相互联系。全球化过程本质上是一个内在地充满矛盾的过程，它是一个矛盾的统一体：它包含有一体化的趋势，同时又含有分裂化的倾向；既有单一化，又有多样化；既是集中化，又是分散化；既是国际化，又是本土化。无论怎样，从经济意义上开始的全球化必然对文化等社会生活产生深刻的影响。

然而，我们不应该忘记“全球化”一开始是属于文化意识的概念。最初，全球化指的是我们生活在一个完备的世界中，在这个世界里，所有的因素会交互作用，自成体系。“全球化”指的也是思想、时尚、电影、游戏等的流通，从地球的一个角落传到另一个角落。全球化具有不同的剖面，它转动与重建的不仅止于经济领域，更影响了人类的思考模式、文化进展以及行为举止。全球化是一种“变动”因素，它会让我们反省自身的传统及做法。应该说，全球化为每个文化带来了新的资源，它提供了饮食与装扮的新方式、让我们可以购买更多不同的生活用品、和远方或身边的人沟通变得一样方便，我们所读、所见、看待世界的方式更丰富多样。

对于文化来说，这样的多样性应被视为正常，由此可以繁衍出新的文化表达方式。比如，中国舞蹈可以沿用传统的体态与身姿，以传统的神话故事为题材，配上当代西方的乐曲，戏服与色彩可借用另一个亚洲国家的精髓，而舞台布景则表现出无国界的抽象风格。如此一来，全球化就成为文化创新的运转动力。换言之，全球化不会否定原本文化的参照坐标，且会使其朝向无可限量的方向发展。

相反的，当全球化遇到弱势文化，也可能变成一股摧毁的力量。不仅在经济领域如此，在文化方面亦然。举例来说，对于某些少数民族地区，与外界消费习惯、思考模式过于快速的接触，常会导致该民族自我认同的贬抑，让原本的自卑感变得更加强烈。

每一个文化都有自身的强势与弱点，全球化催生每个文化创造的潜能，但也可能使得一个文化枯萎，阻断自身的源流活水。危机与机会的比例是相等的。换言之，全球化为每个文化抛出了相同的问题："如何自我更新以避免走上消失的命运?"，"如何创造而不只是模仿?"，"如何在新与旧之间获致和谐?"

一个文化如果自我封闭，它可能会失去所有的创新能力。一个文化若迷失在外来的影响中，它就会失去自己的灵魂与根源。全球化的理想结果应是：一个文化因越来越丰富的外来输入而受到刺激，以多元的方式加以整合，重新打造自己的面容，这样的面容来自本身特殊性的根源，同时又有普世的高度。换言之，每个文化开始以新的角度欣赏自身的特殊性，同时又能以新的共通语言（意指表达方式，如影像、服饰、文学等等），与其他伙伴文化接触、进入对话①。在不可避免的文化全球化进程中，如何回答

① 参见魏明德：《根源与高峰：全球化与地方文化》，http：//www.riccibase.com。

好以上三个问题，如何更好地保存和传承中华民族源远流长的文化血脉，如何有效地维护我国的文化安全，都是相伴而生的问题。

当我们在讨论全球化问题时，一定不能忽视的是，无论是经济的全球化也好，还是文化的全球化也好，其主导力量何在，其核心实质是什么。这些问题不弄清楚，必定会在全球化的趋势中迷失自我，丧失最基本的判断力。其实，人们对于全球化的认识并不是完全一致的，大家都是从自己不同的学科背景和不同的角度出发来阐释全球化的。中共中央编译局副研究员杨雪冬在《全球化：西方理论前沿》① 一书中分析了从马克思以来的各种关于全球化开始时间的观点。虽说各种观点对全球化时间起点的判断各不相同，但有一点是可以肯定的，全球化发端于世界近代，并且是伴随着现代资本主义的发展而发展的。也就是说，全球化从一开始就打上深深的资本主义烙印。我们也可以肯定地说，全球化是一个进步的趋势，是世界经济发展的必然结果。但我们必须看到，全球化是在发达资本主义国家进行资本输出、商品输出甚至是文化输出、政治输出的过程中逐步演化衍生的，对于绝大多数发展中国家而言，全球化是一个被动接受的现实。从目前的形势来看，全球化的进程也几乎是由发达国家来主导的，因为全球化的物质技术基础与社会经济条件更多的是由发达国家创造的，而在全球化的规则制定中，发达国家有着无可争议的话语权，而且，全球化的最大受益者也是发达国家。前些年有人把经济全球化与全球经济一体化等同起来，正是看到了全球化的这一实质。全球经济一体化的概念，更是充满了发达资本主义国家资本霸权、资本扩张的意味，原因在于发达国家与发展中国家之间的市场开放

① 参见杨雪冬：《全球化：西方理论前沿》，社会科学文献出版社 2002 年版。

是不对称的，它们之间的贸易条件以及金融、投资和技术等各方面的转移是不平等的，由此而带来的利益和损失的分配也是不平等的。全球化的天平永远都只会向实力强大的一方倾斜。

前任联合国秘书长安南2004年4月发表的《千年报告》就指出："很少有人、团体或政府反对全球化本身。他们反对的是全球化的悬殊差异。第一，全球化的好处和机会仍然高度集中于少数国家，在这些国家内的分布也不平衡。第二，最近几十年出现了一种不平衡现象：成功地制定了促进全球市场扩展的有力规则并予以良好实施，而对同样正确的社会目标，无论是劳工标准，还是环境、人权或者减少贫穷的扶持却落在后面。更广义地说，全球化对许多人已经意味着更容易受到不熟悉和无法预测的力量的伤害，这些力量有时以迅雷不及掩耳的速度造成经济不稳和社会失调。1997—1998年的亚洲金融危机就是这种力量——二十年来第五次严重的国际货币和金融危机。人们日益焦虑的是，文化完整性和国家主权可能处于危险之中。甚至在最强大的国家，人们不知道谁是主宰，为自己的工作而担忧，并担心他们的呼声会被全球化的声浪淹没。"①

二、当前我国文化安全面临的挑战

文化是一个国家重要的精神支柱，一个民族只有维护自身文化的独特性，它才能产生世界性的影响。随着人类社会进入21世纪，全球化、民族化、信息化浪潮席卷全世界，文化在国际政治斗争中的作用越来越受到人们的高度重视。作为整个国家安全体系一个重要组成部分的文化安全，对于确保国家政治安全、经济

① 参见自金民卿：《文化全球化与中国大众文化》，人民出版社2004年版。

安全、军事安全有着重要意义。因为，在全球化的浪潮下，文化不仅成为冷战后架构国际合作的重要桥梁，而且也成为冷战后民族国家捍卫国家主权斗争的重要武器。目前，发展中国家面对的文化安全问题更加突出。曾有学者不无危机感地指出，“一件文化产品即颠覆了我们精心培育的青少年的世界观与价值观。”这正如一位西方学者写道：“一件有利于理解文化全球化性质的新奇事物，即资本主义卖的不仅仅是商品和货物，它还卖标识、声音、图像、软件和联系。这不仅仅将房间塞满，而且还统治着思想领域，占据着交流空间。”当前我国社会主义文化安全同样面临严峻的挑战。这些警示我们，中国文化安全已成为影响社会主义中国国家安全的重要因素。如何构建面向21世纪的中国文化的文化安全战略，已经成为我们亟待解决的重要问题。

文化安全既包括国家的文化立法权、文化管理权，也包括文化制度和意识形态选择权以及文化传播和文化交流的独立自主权等，这些都是国家文化安全的核心内容。在经济全球化的大背景下，维护国家的文化安全，就是保障国家文化主权，捍卫国家文化主权的独立性和自主性。有学者指出，文化的强盛、安全不仅可以形成一个民族巨大的凝聚力和认同感，而且由这种认同感和凝聚力所形成的安全屏障可以极大地提高国家整体安全度，由此赢得的良好的国际安全环境将成为国家稳定发展的重要力量。中国在文化安全领域面临的挑战主要集中在以下几个方面。

第一，西方政治文化的渗透。一方面，现代信息技术的高速发展为西方政治文化“外溢”提供了强有力的手段，互联网开放、共享、多向和交叉的特点使各国政府在文化、意识形态领域对网民的控制力下降，国家权力被削弱已不可避免。另一方面，一些西方国家仍然在坚持冷战思维，大肆利用高科技信息手段进行文化扩张与渗透。其中美国的文化战略最为典型，对我国文化安全的威胁也最大。早在几年前，美国前总统克林顿在演讲时就宣称，“我们知道互联网使美国发生的巨大变化。我们已经是一个开放的社会。我们可以设想它可能使中国发生的变化。”当时的美国国务卿奥尔布赖特也表示，如今中国能够获取各种各样的信息，而伴随信息的是民主意识，虽然无法预测中国确立民主制度所需要的时间，但信息加上人们对自主生活的愿望，中国的民主化进程是“不可阻挡的”。也是在几年前，美国现任总统布什就表示，互联网在中国的发展对促进中国的民主极为重要，“如果互联网以在其他国家发展的那种方式进入中国，那么自由将迅速地在那片土地上站稳脚跟”。从这一系列言论中我们可以看到，在一些西方政治人物的心目中，网络已然成为“和平演变”的重要工具。

多年来，一些西方国家利用知识经济时代信息的高效传播性、渗透性和难以干扰性，对别国的意识形态、价值观念、政治制度和文化进行渗透，歪曲、扩大分歧与矛盾，挑起冲突，严重威胁别国的政治稳定与社会安定。在这方面，已经不乏“成功”的先例。目前，利用信息手段加快“和平演变”中国是一些西方人下一个希望“成功”的目标。1994 年美国国会决定建立的“自由亚洲电台”，其矛头直接指向东亚地区为数不多的包括中国在内的社会主义国家。

此外，国际文化交流也被一些西方国家看做是对中国进行文化渗透与扩张的重要手段。早在尼克松时代，西方就主张“利用人员的交流、交换书籍或广播节目”，利用西方的“精神和文化价值观”影响和动摇社会主义国家人民的信念，从而逐渐侵蚀社会主义的基础。这些，从西方国家对文化交流对象的挑选和对留学生的政策中都有充分的体现。

第二，反华舆论的鼓噪。近些年，“中国威胁论”、“黄祸论”、“中国崩溃论” 等在不少西方国家大行其道。尤其是“中国威胁论”经过多年的发展和不少人的精心包装，已经有了不少变种和不同的版本。有“中国经济威胁论”、“中国军事威胁论”、“中国环境威胁论”，有“世界工厂论”、“中国输出通货紧缩论”，还有“人民币升值论”，有的拿中国的经济发展做文章，有的拿中国的军事部署做文章，还有的拿中国的汇率政策做文章。林林总总的奇谈怪论背后既有一些西方国家刻意的动机，也有这些国家某些利益集团不可告人的目的。特别是一些国家的军火工业集团，为谋求自身的特殊利益，不惜收买媒体，鼓动宣传机器，炮制所谓的民意，鼓噪对中国不利的言论。这些言论有的连他们自己的国民都看不下去，认为他们是在“妖魔化”中国。

客观讲，这些反华舆论本身并不可怕，可怕的是这些舆论产生的影响力。这些舆论鼓噪、误导，甚至裹挟了西方一些国家本不了解中国的那些民众的心理，又进而形成了一种不利于中国的所谓民意，这种民意不利于这些国家与中国的文化交流与合作，而这种民意可能对这些国家的对华政策产生的负面影响更不利于这些国家与中国关系的正常发展。

第三，信息化的高速发展使我国的安全保密工作面临不少新的课题。比较直接的影响是，政府上网、政务信息化增加了泄密的可能性。西方情报机构和公司在互联网上设置了情报监视系统或猎取情报的陷阱，在我们上网时很容易无意间泄露情报。近年来，我国在信息技术领域不断加强与国外的合作，也会带来许多不安全因素。由于我国尚缺乏具有自主知识产权的信息技术，在软硬件领域大量进口国外产品，而西方一些国家在出售硬件产品中留有可以激发情报发射的设备或在软件中安装窃取情报的秘密程序，一旦这些产品进入我国并付诸使用，其对我国信息安全的威胁是不难想象的。尤其是在我国加入世界贸易组织以后，许多人的保密观念在淡化，认为加入世贸组织就意味着全面开放，没有任何遮拦地开放，这种错误的观念也很容易使人们在频繁的对外交往活动中有意无意地泄露国家或企业机密①。

第四，文化资源在文化市场全球化压力下面临流失的危机。由于现代科技的高速发展，特别是数字化技术的应用，文化资源的存在形式及开发方式较之以往发生了翻天覆地的变化，也给文化资源的异地存在和开放带来了可能。而随着我国对外文化开放和交流交往的扩大以及加入世界贸易组织，五千年文明史沉淀下来的丰富多姿的中华文化资源越来越多地展现在世界的面前，有力地树立了中华文明的形象，提高了我国的国际政治、经济地位。但是，随着国外对中国文化资源了解的加深，中国文化资源被异国开发利用的可能在逐步加大，中国文化元素越来越多地成为国外文化产品的生产原料。当然，这本身并不是一个问题，因为文化资源、人类文明成果具备强烈的人类共享性，是人类共同的精神财富。也许我们还应该为中华文明具备如此吸引力感到骄傲和自豪，可其中隐含着的挑战却不能不令我们深思。因为，如果任由这种趋势发展下去，任由中国文化资源被国外广泛地开发利用下去，我国文化产品的国际竞争力和影响力必将一步步衰减，我们目前赖于立足的所谓资源优势必将丧失殆尽。减缓这种趋势的唯一出路在于，提高自身的研发创意能力，提高自身的资源整合能力，大力发展文化产业，用市场的力量为文化资源的流失筑起一道安全防线。

---

① 参见石晓虎、司银涛：《我国安全环境面临六大挑战》，http：//www. xinhuanet. com。

上海交通大学教授胡惠林在《文化产业发展的中国道路》[①] 一书中，更是从对文明进程与现代化的文化误读：文化生态安全；网络文化崛起与数字化侵害：文化信息安全；文化遗产保护与文化资源危机：文化遗产资源安全；文化市场非对称开放与国家文化公害：文化市场与公共文化安全；行为艺术与文学创作的审美危机：文化内容安全；知识产权与文化技术标准缺失：文化技术安全等各个方面深入分析了我国文化安全所面临的种种挑战和问题。

总之，在全球化背景下，世界各国不同文化类型之间的相互交流、冲突、渗透及融合，构成了生机勃勃的国际文化发展图景，为中国发展面向现代化、面向世界、面向未来的，民族的科学的大众的社会主义文化提供了良好的条件，这是符合历史发展和社会进步潮流的。既然是“交流”，就总是相互的、双向的，总要相互作用和相互影响，墨守陈规，固步自封没有必要。在交流过程中我们原有的文化受到些微的冲击和影响，同时与其他国家、其他民族的文化发生碰撞和交融是正常的，在某种意义上也是必要的和有益的。没有这种交融，就没有社会主义新文化在经济全球化背景下的健康发展。在这种交流的和弦中，偶尔发出一些不健康的杂音，也属于正常现象，并不值得大惊小怪，更不必因噎废食、防跌止步。但是，如果不从国家政治独立、民族存亡的高度对文化安全问题保持警惕，后果也将不堪设想，一旦消解了中国的民族文化，消除了中国文化的社会主义属性，必将化解中华民族的内在凝聚力，造成中国深层次的“文化弱势”，削弱中国的综合国力。这就决定了中国在新世纪必然面临来自外部的严峻的文

① 胡惠林：《文化产业发展的中国道路》，上海人民出版社 2004 年版。

化安全挑战①。

三、发展文化产业是维护国家文化安全的必然选择

澳大利亚学者金迈克认为，21 世纪为我们提供了一个重新估价文化在我们的生活中所扮演的角色的机会。“21 世纪将会目击我们（作为消费者、观众和公众）利用文化资源的方式的空前的变化。文化被生产、传播和消费的方式将越来越取决于技术创新和全球化市场。文化研究这一概念应该使其自身脱离批判文化理论的会派（high church）并且严肃地作为一种产业来对文化进行思考——一个可以提供就业、培训、出口税收和外汇的产业。”也就是说，文化产业的发展对于一个国家、区域的发展、对于维护文化安全都将承担起重要的作用。

正如美国基辛格同仁公司总裁曾经在美国《外交季刊》上撰文直言不讳宣称的那样：“美国应该确保：如果世界向统一语言方向发展，那么这种语言就应该是英语；如果世界向统一的电信、安全和质量标准发展，那么这些标准就应该是美国的标准；如果世界逐渐被电视、广播和音乐联系在一起，那么节目的编排就应该是美国的；如果世界正形成共同的价值观，那么这些价值观就应该是符合美国人意愿的价值观。”我们面临的潜在的文化安全冲击还有以下三个方面②：

文化产品的冲击。在广泛享用西方各式各样的文化产品，如电影、书籍、电台、网络等过程中，隐藏其中的西方审美观、价值观伴随着消费的过程，并在不知不觉中影响着人们的行为方式

① 参见金元浦：《当代世界格局与国家战略中的文化的跃升》，http://www.culstudies.com。

② 乐后圣：“文化产业发展与国家文化安全”，《中国文化报》2001 年 8 月 18 日。

和价值选择。例如，西方娱乐市场中充斥的“个人英雄主义”、网络游戏世界中弥漫的“暴力文化”、“黄色浪潮”已经开始在中国新生代身上显现，带来了不容忽视的负面影响。正因为如此，我国一直在开展建设健康网络的工程。

文化资本的冲击。我国文化产业正处于发展早期，生命力虽然旺盛但是“营养不足”。因此，文化产业的发展不得不寻求帮助。此时，一部分别有用心的国外资本以金钱作为钥匙进入文化产业的大门，并用西方那一套标准改造、包装原有的文化形态，使文化产业中传统的价值观发生改变乃至变质。应该承认，国外文化资本的进入，从本质来说对我国发展文化产业是有利的，我们可以因此解决文化产业发展资金不足的难题，学习到先进的管理经验和成熟的市场运作模式，甚至可以引进我们所需的人才等等。但是，我们同样不能忽略少部分文化资本进入过程中对我国文化传统的继承和发扬造成的冲击。我们在文化产业的发展过程中，应该有所辨别、有针对性，合理地引入文化资本。

文化教育价值的冲击。教育是一个民族精神血脉传承的主要领域，是培养高素质劳动者的基地，也是发扬光大传统文化的思想阵地。全国早已取得“百年大计，教育为本”的共识，并为提高全民素质做出了艰苦卓绝的努力。从20世纪80年代开始，我国开始出现“出国热”、“留学热”和“移民热”。在这股浪潮中，西方国家通过广泛接纳不同层次的留学生，设置准入门槛，降低对高技术人才的移民限制等手段，吸引我国公民到西方留学、移民。应该说，到西方学习先进的文化科学技术之后回国报效国家，对我国的发展是非常有价值有意义的，也是应该提倡和鼓励的。但是，在这其中，也有一种趋势：一方面，留学人员低龄化；另一方面，移民领域扩大化。导致的后果，就是传统文化部分的断层，形成留学人员价值观念的全盘西化；导致我国人才的流失，对国家发展造成巨大损失。同时，在社会上形成教育越来越功利化的倾向。因此，在发展文化产业过程中，教育本身已经具有较强的社会化的性质，那么，应该如何引导其良性运作，并贯穿文化传统的普及，应该成为今后工作中的重要任务。

在文化安全方面，我国领导人早就提出了自己的真知灼见。邓小平同志强调指出了社会主义文化的民族特色对社会主义文化安全的重要性，“必须发扬爱国主义精神，提高民族自尊心和民族自信心。否则我们就不可能建设社会主义，就会被种种资本主义势力所侵蚀腐化”①。邓小平强调，“绝不允许把我们学习资本主义社会的某些技术和某些管理的经验，变成了崇拜资本主义外国，受资本主义腐蚀，丧失社会主义中国的民族自豪感和民族自信心。”②

因此，在经济全球化和中国加入 WTO 的条件下，发展我国的文化产业具有必要性和紧迫性。文化市场对外开放在加入世贸组织后将进入一个新的发展阶段。中国文化产业和文化市场将由有限范围和有限领域内的开放，转变为 WTO 规则框架下的宽范围和多领域开放；由以试点为特征的政策性开放，转变为法律框架下的按中国政府承诺的时间表开放；由单方面为主的自我开放，转变为中国与世贸组织成员之间双向的相互开放，扩大文化产业的对外开放将成为引领中国文化产品、文化企业、文化产业集团走向世界市场，参与国际文化市场竞争的重要措施，以媒体业的相互准入代理和以版权贸易为核心内容的对外文化贸易将成为中国

① 《邓小平文选》第 2 卷，人民出版社 1994 年版，第 369 页。
② 《邓小平文选》第 2 卷，人民出版社 1994 年版，第 262 页。

文化产业走向世界的主导产品，文化贸易逆差的克服将为中国文化产业的增值提供一个巨大空间，文化主导型产品的国际市场份额，将成为影响中国文化产业未来发展中起重要制约力的因素。

因此，我们今天发展文化产业，不仅是面向全国，而且必须面向世界，是在世界范围内体现中华民族英姿、传播中华文明的重要举措。在很大程度上，对国家文化安全的维护并不是死死固守，不是固步自封，也不能单纯地消极防御。守是守不住的，仅仅是防也是防不住的。其实，“走出去”、“以攻为守”才是最有效的防守，让中华文明在世界文化市场上发挥更大的作用，占据更大的份额，是维护我国国家文化安全的更好的途径和选择。中国五千多年的文明史，铸造了中华民族灿烂多姿的传统文化。中国的传统文化，凝聚着民族自豪感，洋溢着鲜明的民族特色，体现着民族厚重的历史发展过程，是中华民族的精神血脉。中国的传统文化中，有许多是具有世界影响和世界魅力的，在全人类文化宝库中占据着不可动摇的重要地位。这是一种怎么估价也不过分的宝贵财富，是我们发展文化产业得天独厚的优势，启动并整合、包装这些文化财富，通过市场化开发的途径把中国丰富的、独特的、珍贵的文化资源在有效保护的前提下加以合理开发、包装、营销，使之转化为全世界亿万人都能享受的文化商品，就有可能形成具有中国特色的文化产业，并在全球文化市场的激烈竞争中赢得巨大的优势。这样一方面可以创造数以百亿计的利润，另一方面又可以把中国的文化（中国的价值观、审美观）传播到全世界，让全世界人民从高质量的文化享受中感受到我们的科技进步，民族创新能力和不断成长的能力。在我们的文化产品不断地走向世界、走进全人类的文化消费视野这个过程中，中华文明就会得到有力的弘扬，中国文化的魅力就会得到充分展示，我们的民族自信心、民族自豪感就会大大增强，就能够建立起完善、健全的具有中国特色的文化价值和观念体系，从而更好地维护国家文化安全。

文化产业将是21世纪我国的支柱产业之一。发展文化产业，不仅关系到我国国民经济的发展、产业结构的调整，也关系到我国在国际上的文化竞争力。只有在发展文化艺术等精神产品方面采取产业化和市场化的途径，才能加大传播我国民族优秀文化的力度，才能在国际文化产业中占有和我们泱泱大国相称的地位。这样，既获得文化的竞争优势，又能以过去所没有的深度和广度，把中国文化传播到世界各个角落。2003年8月，中共中央为此专门组织了政治局第七次集体学习，学习讨论世界文化产业发展状况与我国文化产业发展战略。胡锦涛总书记在学习会上明确要求，解放思想，与时俱进，"根据新形势下社会主义文化建设的特点和规律，按照文化事业和文化产业的发展要求，不断推进文化体制和机制创新，支持和保障文化公益事业，增强文化产业的整体实力和竞争力。""文化安全"对许多人来说可能还处于可有可无之中，这与我国当前的文化安全环境是极不相称的，因此我们一定要从观念高度增强人们的文化安全意识与价值观安全意识。一方面在继承与弘扬中国传统文化的同时，我们要大力加强社会主义文化建设，坚持正确的舆论导向，大力弘扬时代主旋律；另一方面，我们要利用各种渠道、特别是利用适应市场经济要求应运而生的新型产业——文化产业的丰富产品，向世界展示我国人民的基本价值观念，争取在文化的国际交流中让世界人民了解中国的文化，从而为我国争取良好的文化安全环境。

同时，我们必须明确，文化中蕴藏的道德和精神是一个民族的内在支柱，如果一个民族在这些方面不求进取、不能顺应时代要求推陈出新，那么它在经济上取得的成就也会被逐渐侵蚀掉。因此，我们必须继续弘扬中华民族丰富多彩、绚丽多姿的优秀传统文化，加强社会道德规范的建设，在文化产业的发展过程中和文化产品的生产和消费过程中，弘扬我国优秀的传统文化，努力营造一个良性循环的文化生态环境，增强民族自豪感，锻铸使中华民族屹立于世界民族之林的民族魂。

第十章

中华文化“走出去”与文化产业发展

中华文化源远流长，在当今世界文化多样性与文化全球化趋势并存的背景下，显示出前所未有的活力与魅力，推动中华文化“走出去”正当其时。大力发展外向型文化产业，是中华文化“走出去”的重要路径。

伴随着经济全球化、特别是信息传播的高效、高速和全方位发展，各个国家、各个民族之间的地理距离和文化距离被迅速拉近。面对这样一个历史趋势，如何使源远流长的中华文化在继承和发扬优秀传统的基础上，进一步走向世界，进一步被世界所了解，进一步焕发勃勃生机，是建设中华文化首当其冲的重任。正如《中共中央关于制定国民经济和社会发展第十一个五年规划的建议》提出，要“积极开拓国际文化市场，推动中华文化走向世界。”党的十七大报告提出，“中华文化是中华民族生生不息、团结奋进的不竭动力”，要“弘扬中华文化，建设中华民族共有精神家园”，“加强对外文化交流，增强中华文化国际影响力”。这些都意味着，中华文化“走出去”已经成为摆在我们面前的一个现实的战略性课题。

一、中华文化走向世界的前提

相比较中国对世界的了解而言，世界对中国的了解更少，更有限。牛津大学教授雷蒙·道森在 1967 年出版的名著《中国变色龙：对于欧洲中国文明观的分析》① 中详尽而具体地介绍了西方对中国的种种看法，并总结说：在西方人眼中，中国的形象似乎在两个极端间变化：或者是理想的王国，或者是停滞与落后的象征。中国时而被描绘为富裕的、先进的、聪明的、美好的、强大的和诚实的，时而被描绘为贫穷的、落后的、愚蠢的、丑陋的、脆弱的和狡诈的。从这本书中可以看出，西方对中国的认识与中国的实际有很大的距离。这些都表明，在经济全球化的过程中，随着中国经济的日益繁荣、中国和平崛起的日益坚定、中国声音的日

---

① 常绍民、明毅译：《中国变色龙：对于欧洲中国文明观的分析》，北京时事出版社 1999 年版。

益壮大，世界更需要了解中国！这就要求中华文化必须主动“走出去”，在世界上充分展示自己真实的面貌，一方面澄清曾经的偏见和误解，还中华文化以应有的历史地位；另一方面在“走出去”的过程中培育和弘扬中华精神，在不断融合的世界文化史中凸显中华文化的绵延张力。

我国现代化建设和社会主义市场经济的不断发展，使中华文化发生着广泛而深刻的变化；在与国际文化不断交流的过程中，中华文化也持续地了解和吸收着各国的先进文化。在多样文化的世界里，我们只有以广博的胸怀和时代的远见认准先进文化的方向，保持和发展民族文化的特性，着力弘扬它契合时代的智慧，实现“文化自觉”，才可能推陈出新、与时俱进，也才可能为世界文明作出新的贡献。也就是说，打开大门，是在保持自己民族优良传统的同时，吸取世界上其他民族创造的优秀文明成果；走向世界，是带着自己民族的优秀传统，融入世界文明的主流之中。

我国是一个发展中的社会主义国家，同时也是一个开放的国家。这种开放不仅表现在经济上，而且也表现在文化上。开放的经济和封闭的文化不可能并存，这就决定了我国在文化上同样不能闭关自守。而走向世界，是以下三个前提的必然产物。

首先，中华文化的独特性和不可替代性是历史前提。尽管在某些时期，中华文化对世界文化的影响有所黯淡，但是不能否认中华文化在世界文化史上的独具一格和不可替代。从历史时态来看，中华文化拥有五千年来没有中断过的悠久历史，其博大精深、源远流长为世界文化史上所仅见。中华文化中的“中国特色”如自强不息的奋斗精神，厚德载物的凝聚精神，关心社稷的爱国精神，追求崇高的人格精神等，鼓舞和激励着中国人的前进步伐。中华文化是在长期历史积淀中形成的，其中包含着许多中国人特有的智慧，有些对解决全球化时代人类面临的共同问题有重要的参考价值。例如中国哲学中“天人合一”、“万物并育而不害”的智慧，为解决人与自然环境的协调和可持续发展提供了正确的指导思想；孔子提倡的“己所不欲，勿施于人”，应该成为处理人与人之间关系的基本准则；在处理不同民族国家和不同文化的关系时，现实的最佳选择就是“和平共处”、“和而不同”……从纵时态来看，中华文化在数千年的文明史中，不断吸收、改造、融会外来文化，逐渐确立了独有的价值取向，从来都是世界文化不可分割的一部分。在长久的历史发展进程中，中华文化以各种形式与世界文化发生联系，相互影响、交融和促进，在世界文化大家庭中打下了深深的“中国烙印”。如此等等，彰显出中华文化在世界文化中的不可替代和独特的“中华智慧”，为中华文化走向世界提供了历史前提。此外，从中西文化的比较来看，中华文化及优秀传统更多地是源于人与自然和谐关系的思考，或者说在中华文化长期的演化进程中较少地受到来自工业文明的影响和冲击，较多地保留了文化的自然与人性的特性。正是由于这一特质，使中华文化对世界产生了独特的魅力，在世界文化多样性的格局中占有了不可替代的重要地位。对于日趋进入后工业时代，信息化和知识经济特征日益显现的世界而言，强调以人为本、人与自然和谐共存的中华文化具备了更为强烈的吸引力。

其次，全球化进程是发展前提。所谓全球化的进程，是指经济、政治、文化不断超越民族、国家和地域的特殊性，日益形成相互依存相互联系的世界体系的过程。在全球化潮流的推动下，产生了一种要求所有民族的和区域的文化朝着一定方向发展的适应压力，从而促使文化的全球化正在冲破国家的、民族的文化壁垒。这里所说的文化全球化，简单说来，就是各民族文化通过交流、融合、互渗和互补，不断突破本民族文化的地域和模式的局限性而走向世界，不断超越本民族文化的国界并在人类的评判和取舍中获得文化认同和价值认同，不断将本民族文化区域的资源转变为人类共享、共有的资源。但全球化进程不等于文化多样性逐渐消失，恰恰相反，在透过全球化过程增加相互共同性的同时，各民族和地域的文化个性亦应发扬光大。也就是说，中华文化越是走向全球化，越需要重视全球其他成员之间的平等和互相尊重，包括尊重文化的多样性。这也正是我国传统文化中强调和提倡的“和而不同”的境界。

最后，世界对中华文化的需要是现实前提。中国和平崛起已成为全球不争的事实，全球政治经济新秩序的重构与全人类和平发展事业越来越需要中国的参与。“一方水土养一方人”，不同的民族滋生出不同的地方文化，不同的地方文化又滋养着不同民族的人民。要深入知晓中国，离不开滋养它的文化。在我国不断取得长足发展、不断融入世界格局的今天，世界需要全方位认识、了解、接纳中国，而深厚的中华文化自然而然进入世界的视野。近年来，越来越多的来华留学生，越来越受欢迎的中国民俗、歌舞、艺术，越来越成为焦点的中国新闻，都是世界对中华文化不断攀升需求的真实写照。因此，迫切的外界需要提供了中华文化走向世界的现实前提。

二、中华文化走向世界的必然性

第一，中华文化走向世界是全球文化发展的必然趋势。马克思、恩格斯早在《共产党宣言》中说过：“资产阶级，由于开拓了世界市场，使一切国家的生产和消费都成为世界性的了。过去那种地方的和民族的自给自足的闭关自守状态，被各民族的各方面的互相往来和各方面互相依赖所代替了。物质的生产是如此，精神的生产也是如此。各民族的精神产品成了公共的财产。”① 文化的全球化既是一种过程，包括各民族文化之间的冲突、交流、融合等；同时，它本身也是一种结果，即各民族文化区域的资源可以被全人类所共享、共有。中华文化因其独特的魅力和特点，在悠久的历史进程中一直得到世界的关注，在今天文化全球化的发展趋势中，全世界都以开放的文化心态面对“异质”文化的进入，中华文化不光需要持续关注和汲取外来文化，更要抓住历史的机遇“走出去”！

第二，中华文化走向世界是文化创新的必然要求。中华文化和世界文明发展的历史经验都说明，异质文化的交流、碰撞与融合是文化更新发展的重要契机，文化封闭只能导致僵化、停滞和落后。中国历史上曾经有过两次中外文化大交流。一次是汉唐时期印度佛教的传入，使中华文化曾一度出现“坐集千古之智”、“人耕我获”的佳境；另一次是从16世纪末叶开始，至今还在继续进行中的中西文化大交流，它使中华文化遇到深刻危机而转型为近现代文化，这个过程是相当艰难曲折的，但在各方面所取得的巨大进步也是有目共睹。封闭就要落后的典型事例就发生在400年中西文化交流的历史过程中。18世纪20年代以后，清朝政府长期奉行一条闭关自守，拒绝学习外国先进文明，也拒绝改变自己的政策，结果导致政治腐败，科技落后，经济凋敝，国势衰微，在外国侵略者面前割地赔款，丧权辱国，使曾经是世界上先进国家的中国落伍到后发展中国家的行列。新中国成立后，以美国为首的西方国家对中国长期封锁禁运，中国人民被迫自力更生、艰苦奋斗，造成了再一次实际上的闭关自守，结果是拉大了中国和西方发达国家的差距。正反历史经验教训都告诉我们，中国要发

① 《马克思恩格斯选集》第1卷，人民出版社1995年版，第276页。

展，中华文化要不断推陈出新，中华民族要屹立于世界民族之林，就不能把自己同世界隔离开来，再也不能走“封闭—落后—挨打”的不堪回首路，而要有准备、有计划、有步骤地走向世界，与世界的先进文化不断交流、碰撞与融合，不断使中华文化获得新生。

第三，中华文化走向世界是文化安全策略的必然选择。文化是一个国家重要的精神支柱，一个民族只有维护自身文化的独特性，它才能产生世界性的影响。文化安全在国家安全体系中占有极其重要的地位。在全球化浪潮下，文化不仅成为冷战后架构国际合作的重要桥梁，而且也成为冷战后各国捍卫国家主权的重要武器。如何构建面向21世纪的文化安全战略，已经成为我们亟待解决的重要问题。而只有我们拥有强大的文化力量，拥有与世界文化相接轨的文化价值，并且不断与异质文化交流和碰撞，日益增强和壮大文化竞争力、影响力，才可能构筑牢不可破的“文化防线”。文化的“交流”总是相互的、双向的，总要相互作用和相互影响，墨守陈规，固步自封没有必要。没有一定程度的文化交融，就没有中华文化在全球化背景下的健康发展。

三、中华文化走向世界的选择

中华文化走向世界是我国改革开放以来实施的“走出去”总体战略的一个重要组成部分，是我国增强综合国力的一个重要选择，也是维护我国国家利益的现实要求。在经济全球化浪潮不断掀起之际，我国要屹立于世界民族之林，就一定要推动中华文化更加主动地走出国门、进入国际市场，将一个发展、开放、文明的中国的全新形象展示给世界，以独特鲜明的中华文化维护人类文明的多样性，这是推动我国社会主义文化大繁荣大发展的重要手段之一，也是我国进一步发展的重要战略抉择。

近年来，在党中央、国务院及各级党委、政府的大力推动下，我国文化“走出去”战略已取得了许多明显的成效，不仅成功举办了“中法文化年”、美国“中国文化节”、“中俄国家年”、“中华文化非洲行”等高水平文化交流活动，而且我国的文化产品和服务的国际竞争力不断增强，国际文化市场份额不断提高。文化部部长孙家正曾撰文详细描述了我国文化“走出去”战略的实施状况：“目前，我国已与166个建交国中的145个国家签订了文化合作协定，签署了752个文化交流执行计划，与近千个国际文化组织和机构有着不同形式的文化往来。年对外文化交流量1360起，与10年前相比增长了5倍。我国在驻80个国家使领馆设有95个文化处、组，在法国、韩国、埃及等多个国家建有中国文化中心。我们与法国互办‘中法文化年’，在美国举办‘中国文化节’，与荷兰共同推出‘中国文化节’，产生了重大影响，形成了示范效应；举办国际文化高层论坛，参与国际间文化对话，宣传我‘维护世界和平，促进共同发展’的对外宗旨和‘和而不同’的文化思想，倡导世界文化多样性，赢得了世界尊重；每年在纽约、巴黎、伦敦、悉尼和曼谷等国际大都市开展‘春节品牌’活动，举办艺术展览、文艺表演、讲演会、民俗展示、电影周等活动，集中展示了中华文化的活力、魅力和潜力，扩大了中华文化的影响；利用国庆日、建交日等契机，举办各种文化交流活动，既宣传了当代中国，也拉近了中国与世界各国的关系。现在，‘中国热’正在许多国家逐渐形成，学习汉语、了解中华文化，已成为他们一项自觉的选择。可以说，文化外交已经成为我国继经济、政治外交之后的第三大支柱。”① 这些说明，中华文化走出去的步伐正日

① 孙家正：“提高推动中华文化走向世界的能力”，《求是》2006年第1期。

益加快，成为我国文化发展一个不可逆转的趋势。当然，要使中华文化更为有效地走向世界，发挥更大的影响力，我们还需要进行不懈的努力。

第一，要在政府引导下进行全方位自主文化创新，包括理念、制度和器物层面。文化是综合国力的重要方面，是国际竞争中备受关注的“软实力”。加强民族文化自主创新，大力提高社会主义市场经济条件下推动中华文化走向世界的能力，既是发展中华文化、弘扬民族精神、增强民族自信心与自豪感、构建社会主义和谐社会的需要，也是向世界展示当代中国人的精神风貌、维护民族文化独立性和国家文化安全、促进世界和平发展的需要。创新是人类历史发展的动力，文化的发展尤其如此。任何一种文化如果墨守成规、固步自封，就不可能保持旺盛的生命力。而文化的创新必须从理念、制度和器物三个层面全方位进行，以思想的高度、规则的保障和实践的可行给予坚实的保障，让中华文化与时俱进，永葆青春，绵延不绝，在走向世界的过程中始终有厚实的民族底蕴支撑。

第二，学习和吸收先进文化，重视二次创新，充分利用后发优势。从文化上接受共同价值，是融入世界的前提。因此，相互学习、相互借鉴，大胆吸收人类文明的一切优秀成果，追求人类文明的共同价值，是中华文化走向世界的必然途径。在面对世界先进文化的时候，中华文化必须以自己的文化理念为核心，在文化的大流动中积极吸收其他文化的优秀成果，以求取长补短，共同进步。除了一如既往地“取其精华，弃其糟粕”之外，我们更要重视对这些先进文化的“中国化”，也就是在本质一致的基础之上的二次创新，使之真正融入中国，成为“中华文化”。同时，作为发展中国家，中华文化一方面在走向世界的过程中相对滞后，需要更多的努力；另一方面也让我们可以从容汲取别国的经验教训，少走弯路，让时间上的“劣势”转化为前进中的“优势”。

第三，通晓国际规则、整合全民族传播渠道资源和传播工具资源，主动沟通世界。改革开放的中国正在坚定地融入人类文明进步的大潮流中，加入世界贸易组织、申办奥运会、加入各种世界性组织和世界性条约，都证明了这一点。要提高在社会主义市场经济条件下推动中华文化走向世界的能力，关键的途径是要遵循和适应文化发展与市场经济的内在要求，不断提高掌握文化贸易规律的能力，努力提高市场运作的水平和技巧。加快建设对外文化贸易的法律法规体系，创造对外文化贸易的良好法律环境，完善对外文化贸易的配套政策，对出口的文化产品和文化服务给予优惠。“走向世界”需要我们以积极主动的态度面对世界，适应和接纳世界文化游戏规则是必经的途径。在通晓国际规则的基础上，政府作为民族国家公共服务产品提供者，代表全民族统一整合一切可以配置的传播渠道资源和传播工具资源，以世界通行的认知规则有策略、有计划、有系统地主动和世界沟通，在世界上树立一个准确、积极、差异性的、有竞争力的中国形象。

第四，重视现代社会主流形式的多种组织主体的交流与合作。现代市民社会的兴起已成为世界不争的事实。信息化、全球化的今天，社会结构重塑的进程已经开始并将持续进行。在民族国家的框架下，人——人关系普遍地以组织形态的方式发生和对接。中华文化要走向世界，现代社会主流形式的多种组织主体如公司企业、政府政要、科研院所、文化团体、NGO 等的交流与合作就成为不可或缺的途径。重视现代社会主流形式的多种组织主体的交流与合作，可以和世界进行更加具体、生动、清晰地沟通，传递给世界更加有效的中国印象；可以和世界建立更紧密、更广泛的利益联系，让世界和中国更加有力的融合；可以优化中华文化自主创新和二次创新的资源配置，加强中华文化自主创新和二次创新的能力，更可以优化全民族传播渠道资源和传播工具资源整合配置，提升沟通世界的效率和效益。

第五，进一步提高对外文化交流的水平。中华文化是多元文化的有机体，既包括传统文化，也包括现代文化；既包括汉族的文化，也包括少数民族的文化。因此，要不断提升我国的对外文化交流水平。要大力推广传承中华文化的博物馆、展览会、电视连续剧、老电影、戏曲民乐、文艺百科以及少林武术、太极拳、书法绘画、风光旅游、中医药等与中华文化紧密相关、广受欢迎的文化项目走向世界；特别是要加大力度，将我国少数民族的音乐、舞蹈等介绍出去，将我国的老庄哲学、佛教、道教文化介绍出去。要大力鼓励学术文化交流，既要邀请国外知名学者来华讲学，也要将我们当代的大批学者、艺术家推出去。近年来书画拍卖市场日趋繁荣，要积极推动中国现代书画作品走向世界。要继续做大做强“中国文化年”等传播中华文化的经典之作，多侧面展示中国悠久、灿烂的古代和现代文化。在对外文化交流方面，要特别重视和借助海外华人社团、媒体的力量以及对中华文化有深厚兴趣和感情的国际友人，借助他们的力量，在国际舞台上展示中华文化的魅力。

第六，有效整合立法资源、行政资源和市场资源，重视并加强国民教育投入，保障中华文化持续传承与创新的源动力。人是一切文化和文明创造、创新的根本。历史一再证明，高水平的国民教育是所有发达工业国家的立国之本、发展之基。自主文化创新、学习和吸收的二次创新、主动沟通世界、组织主体的交流与合作都必须建立在高水平的国民教育的基础上，重视并加强国民教育投入是形成中华文化走向世界各个途径良性循环的必不可少的保障环节和动力引擎。重视并加强国民教育投入，必须把国民教育提升到国家的战略层面上对待，有效整合立法资源、行政资源和市场资源，形成“办大教育，大办教育”的机制、制度和氛围，降低文化传承与创新对资源天赋条件的依赖性，提高现有资源的整合和创新开发对文化传承与创新的贡献度。对国民教育体系进行持续创新，优化教育资源配置，让国民教育系统形成良性动态的开放性循环。

中华文化与世界其他国家或民族的文化是相通的。只有“走出去”，才能加快中外文化之间的碰撞和融合，通过自觉的文化批判和文化选择，使中华文化根深叶茂、永葆青春。

四、外向型文化产业：中华文化走向世界的重要桥梁

任何一种文化，其走向世界的过程，实质就是一个向外传播的过程。其中，最重要的是选择最有效的传播手段和途径。在当前这个信息化的知识经济时代，文化传播的手段和方式越来越多元化，可选择的空间也越来越大。综观各国文化“走出去”的实践，我们发现，在经济、政治、文化、科技、外交等众多传播途径中，最有效就是经济手段，其中最重要的载体就是文化产品或文化服务，也就是通过文化产品或文化服务的输出而达到文化传播的目的。而发展外向型的文化产业就是其基点。在这个意义上，外向型文化产业的发展，已经超越了产业发展本身，成为向外传播文化的重要桥梁和媒介。如美国的电影业，它已不仅仅是文化产业发展的一个门类，而是成为了美国文化的一个重要符号，负载了太多的美国文化意味，甚至成为美国文化对外扩张的一种霸权、一种美国在世界文化市场的一种话语权。当然，这也许是美

国电影业发展之初无法意料的，但的确成了一个客观事实。这从很大程度上证明，发展文化产业、输出文化产品是一个国家、一个地区向外传播文化的一个最有效的手段和途径之一。

就我国而言，大力实施文化产业发展的外向型战略，不仅可以提高文化产业的经济效益和国际竞争力，使文化、教育、科技、信息企业能真正自力更生、自主发展，还能使中华文明、文化更直接向外传播，参与国际文化交流，使中华文化更好地融入世界发展潮流。

然而，在过去很长一段时间内，我们所实施的中华文化“走出去”战略，很少倚重文化产业的发展，更多的是注重外交意义上的政府间文化交流，很少或基本不从市场角度去考虑中国文化产品走向世界的问题。过多地强调意识形态在对外文化交流中的重要性，抑制了我国文化产品闯荡国际文化市场的积极性和主动性，使我国文化产品对外贸易存在着巨大的逆差。而在客观上，我国文化产业的外向型发展道路也还存在着诸多障碍。能够走向国际文化市场的文化企业还凤毛麟角；具有较强国际竞争力的文化产品不多；缺乏对国际文化市场的了解和研究，难以根据国际市场需求策划、生产和营销我国的文化产品和文化服务等等。

当然，改革开放近30年来，我国经济领域的“走出去”已经积累了许多成功的经验，并且一批具有国际竞争力的大型跨国企业在这一过程中成长壮大起来，为文化产业的外向型发展铺就了一定的路子。因此，我们应该把文化产业“走出去”的战略与经济发展“走出去”的战略结合起来，在实施文化产业经济结构战略性调整的同时，调整我国文化外贸的产品结构和产业结构，充分利用经济领域“走出去”所积累起来的市场和经验，实现文化与经济的有机联动，不要停留在一般意义的文化交流和国际贸易概念上，要树立国际文化贸易的观念，大力发展外向型文化产业。

令人欣喜的是，近年来中央高度重视外向型文化产业在中华文化走向世界过程中的基础作用，大力鼓励我国文化产品“走出去”。2003 年 12 月 5 日，胡锦涛同志在全国宣传思想工作会议上的讲话中指出：“大力发展涉外文化产业，积极参与国际文化竞争”。李长春同志在此次会议上也指出：“要支持和鼓励我国文化产品的出口，形成一批对外文化交流的文化品牌，不断扩大我国文化产品的国际文化市场份额，逐步改变文化产品出口严重逆差的局面。积极拓宽对外文化交流渠道，在发挥政府主导作用的同时，充分调动各部门、各地方、各文化企业和民间团体的积极性，逐步形成政府交流与民间交流并举，积极引入商业运作机制的新局面。”2005 年 7 月，中央专门下发《关于进一步加强和改进文化产品服务出口的工作意见》，对推动文化产品和服务出口作出总体部署。同年，文化部也下发了《关于促进商业演出展览文化产品出口的通知》、《国家商业演出展览产品出口目录管理办法》、《关于开展国家文化产品出口示范基地认定工作的通知》和《国家文化产品出口示范基地认定管理办法》等重要文件，着力推动我国文化产品走向国际市场。

2006 年底，国务院转发了财政部、商务部、文化部、中国人民银行、海关总署、税务总局、广电总局、新闻出版总署等八部委《关于鼓励和支持文化产品和服务出口的若干政策》，出台了一系列鼓励和支持文化企业“走出去”的政策。一是鼓励和支持各种所有制文化企业积极开展、参与和从事文化产品和服务出口业务；二是支持出版集团公司和具有一定版权输出规模的出版社成立专门针对国外图书市场的出版企业，经批准可配备相应的出版资源；三是鼓励文化企业在境外设立出版社；四是支持出口文化产品和服务的技术创新；五是利用宣传文化发展专项资金和文化走出去专项资金，加大对文化产品和服务出口的支持；六是研究制定文化产品出口退税政策；七是对列入《文化产品和服务出口指导目录》的出口项目和企业可向中国进出口银行和国家开发银行等政策性银行提出贷款申请；八是完善文化产品和服务出口表彰奖励机制。

这些政策措施的出台，为我国文化产业的外向型发展提供了一个较好的政策环境。在这一基础上，国家应该进一步加大引导和扶持力度，如加快建设对外文化贸易的法律法规体系，为企业创造对外文化贸易的良好法律环境；完善对外文化贸易的配套政策；建立对外文化贸易与政府文化交流工作的协调机制。对于具有重大商业价值潜力的文化产品和项目，政府可先作为官方交流项目出资，帮助打造国际知名度，为其进入国际文化市场铺设道路；建立推动对外文化贸易的政府服务机构。通过服务机构为文化企业提供境外各类信息，组织企业赴国外考察，实施对外援助计划，培训专业人员；从政策、项目、资金、税收等各个方面重点扶持发展前景好的大型文化企业，把它们尽快培育成为具有较强国际竞争力的大型跨国文化企业，带动我国文化产业的外向型发展。

从企业的层面来说，具备“走出去”实力的企业应当深入研究和分析当前国际文化消费市场的变化和趋向，以国际文化消费市场的发展变化为导向，着力研发一批有浓郁中国特色并且能为国际市场所接受的文化产品，建立和拓展海外营销网络，打通我国文化产品走向世界的顺畅渠道。一是充分利用我国其他行业企业已建立的海外营销网络，“借船出海”，带动文化产品进入国际市场；二是利用国家对外文化交流活动建立的国际平台，把海外展会活动与文化产品输出结合起来；三是借助现有海外华人文化传播资源，由龙头企业采取投资、合作、参股等方式，经营各类海外“中国文化城”、“中国音像城”、“中国书城”等，建立文化产品国际连锁经营网络。

第十一章

我国西部文化产业的特色发展道路

我国西部地区经济社会发展水平相对较低，但经济、文化发展不平衡规律决定了西部地区可以凭借自身具备的丰富多彩的民族文化资源，大力发展特色鲜明的文化产业，走出一条独特的发展道路，从而以此带动经济社会的跨越式发展。

西部十二省市自治区是我国少数民族最为集中的地区，但也是经济不发达地区，城市化发展率不到20%，城乡差距较大，不少省、区除了省会城市外，地州一级的中心城市人口大多在20万以下。在我国的整体经济发展布局中，大多数西部省区仍然属于经济欠发达地区，经济社会发展水平参差不齐，经济总量和整体实力与东部地区乃至全国平均水平相比，都还存在巨大的差距。但令人欣慰的是，广大西部人民在数千年的发展历程中，孕育了多姿多彩、丰厚无比的民族文化，使西部成为我国最具特色的文化资源富集区。在当前全国大力发展文化产业的大背景下，西部的这一特色正好符合现代社会发展趋势，能够极大地顺应并适应加快文化产业发展的总体形势。而西部地区蕴藏着的丰厚的文化资源，成为西部地区发展最重要最宝贵的资源之一，为文化产业的发展提供了极其坚实的基础和条件。近年来，广大西部地区在中央实施西部大开发战略的带动下，紧紧抓住这一难得的发展机遇，深入发掘自己丰实厚重的民族文化资源，大力发展独具特色的文化产业，给当地经济社会发展注入了新的活力和动力。

一、西部地区加快发展文化产业的重要意义

在现代经济发展中，一个特定的地区要在日益激烈的综合竞争中立于不败之地，唯一的办法是充分发挥自己的比较优势，做强做大优势产业；要在国际分工协作中获得地位和席位，必须用优势开路、用实力说话。综合分析西部地区的各种资源，我们会发现，最独特也最具比较优势的就是文化资源。而且，西部文化资源的多样性和独特品质，与现代社会人们追求个性、回归自然等需求正相吻合，能够开发出众多有市场、有卖点、有看点的文化产品。顺应经济文化一体化的历史潮流，依托资源优势，努力

把文化产业培育成新的经济增长点，应成为广大西部地区未来经济社会发展的一条主线。

发展文化产业是西部地区经济社会全面、协调、可持续发展的必然要求。大量统计资料表明，我国的短缺经济时代已基本结束，人们物质需求的增长正逐步趋向饱和，开始追求一种精神文化含量更高的生活和消费。满足人们的精神文化需求成为经济增长的极其重要的动力，由此带来了文化产业的发展良机，也预示着文化产业的美好前景。从云南的情况来看，早在 1999 年，云南就被众多国内外专家看做是最有希望建设为民族文化、生态环境与经济社会协调发展的全球示范区。我们目前正在大力践行的科学发展观实质上就是协调发展观的延伸和发展，以资源的开发保护相协调为主要特征的文化产业正好契合了科学发展观的要求，并且文化产业所赖以发展壮大的文化资源与其他资源相比，具有显著的可再生性。在西部地区大力发展文化产业，并成为主导性的支柱产业，既符合人类需求发展变化的前进方向，又能大大减轻经济增长对自然资源和生态保护的压力。

发展文化产业是西部地区实现经济结构战略性调整、积极参与国际分工协作的最有效手段之一。在经济全球化的大背景下，市场与国际分工的地域性已日趋淡化，产业重组、结构重组成为重构国际市场的最明显特征，新一轮的国际分工协作正在不以人的意志为转移地进行着，关起门来搞建设、沿袭老路谋发展的时代已经一去不复返了。西部地区如何在新的国际分工协作中分得一杯羹、占得一席地，是必须认真加以思考的一个战略问题。目前，西部各省区已经在经济社会发展过程中探索了不少道路，也培育了各自的支柱产业，为国民经济的发展奠定了良好的基础。但如果我们认真审视的话，西部地区除陕西的电子技术、航天工业，四川的酿酒工业、旅游业，重庆的汽车工业，云南的烟草业、旅游业之外，其他已经确立的支柱产业多数与东部地区相比并不具备竞争优势，更不用说具有国际影响力了。而文化产业则是在世界各国、中国各地的起步时间都不太长的新兴产业，与传统产业相比，西部地区还没有被甩得太远。广大西部地区只要依托独特的比较优势，加大发展力度，迎头赶上是大有希望的。相比之下，文化产业应该是西部地区融入国际发展潮流的最有效、最便捷的途径之一。

发展文化产业是西部地区实现经济社会跨越式发展、缩小与东部地区发展差距的必然选择。西部地区经济社会发展相对滞后，贫困人口多，贫困程度深，要与全国同步实现全面建设小康社会的目标，所面临的困难可想而知。面对这一必须完成的艰巨任务，只能另辟蹊径，谋求经济社会的超常规发展。从经济学的角度来讲，文化产业具有资本循环周期短、投资回报率高的特点，能够产生较强的资本积聚和效益放大效应。一个运作成功的文化产业项目，可以在短时期内为投资者带来数倍甚至数十倍的回报，这在国内外文化产业发展实践中已不乏先例。可以说，文化产业具备了带动经济社会跨越式发展的各种条件，是广大西部地区与全国同步实现全面建设小康社会目标的必然选择。与西部省区已确定的支柱产业相比，文化产业刚刚起步，还显得非常稚嫩，在经济社会发展中的作用还非常弱小。正因为如此，广大西部省区更要加大扶持力度，让文化产业尽快成长壮大起来。同时应该认识到，把文化产业作为新的支柱产业来培育，与其他支柱产业的发展并不矛盾，只要处理好相互间的关系，就能形成齐头并进、相得益彰、相互促进的喜人局面。

二、西部地区文化产业发展状况及其特点

新疆、青海、西藏、宁夏、甘肃、陕西、四川、重庆、云南、贵州、广西、内蒙古这十二个西部省市自治区，是我国少数民族的主要聚居区，各少数民族在漫长的历史发展过程中，孕育了各具特色、丰富多样、异彩纷呈的民族文化和奇异神秘的民族风情，这些极具排他性的文化资源成为西部各省市区发展文化产业的最重要基础。此外，这十二个省市区地形地貌独特多样，生物物种丰富，自然风光秀丽迷人，旅游资源独树一帜，旅游业发育较为成熟，为文化产业发展提供了一个较好的市场平台。但西部地区是我国城市化发展程度最低的地区，经济基础薄弱，交通信息等基础条件较差，市场发育程度低，建设资金匮乏。尤其是农业人口比重大，低收入人群数量多，还有部分贫困人口尚未解决温饱问题，使整体文化消费水平还处于较低层次，极大地制约着文化产业的发展。目前，西部各省市区立足于资源优势，积极引进东部的人才、资本及管理模式，大力发展文化产业。云南已提出了建设民族文化大省，把文化产业培育为支柱产业的目标，其他西部省市区也基于各自的实际提出了文化产业发展战略，并把发展文化产业看作是实现经济社会跨越式发展的一个重要途径，文化产业发展呈现出一些新局面。总体上来看，西部各省市区文化产业发展表现出以下几个特点：

第一，资源主导是西部地区文化产业发展的主要特征，和东部地区的市场主导形成鲜明对比。西部地区文化资源比较丰富，挖掘和开发利用民族文化资源是西部文化产业发展的共同切入点。新疆依赖其独特的维吾尔族、哈萨克族等民族文化，依托自然风光发展文化产业；陕西依托地下文物，大力发展文博业和工艺品

业；四川依托历史文化资源和自然风光发展旅游休闲产业；云南依托众多民族文化资源建设民族文化大省，发展文化产业，等等。西部地区丰富多样的民族文化资源及其投资开发前景，已经开始引起东部经济发达地区文化投资企业的关注，甚至引起世界一些知名的文化企业集团和投资者的关注。在未来一段时间内，西部文化产业发展的资源主导型特征将会得到进一步加强。

第二，培养外来旅游者消费群体成为西部各省市区拓展文化消费市场的一个主要选择。以云南省文化消费市场为例，一开始就形成了两大文化消费群体，一是本土文化消费群体，二是外来旅游者消费群体。云南4300万人口，根据2003年《云南统计年鉴》公布数据，城市化发展率为26%，农村人均文化教育娱乐消费为114元，消费总量为36.27亿元；城镇居民人均文化教育娱乐消费为855元，消费总量为95.59亿元。但是，根据2000年《中国统计年鉴》，全国人均文化消费740元，云南为746元，可以看出，云南文化消费市场还有一块是大量海内外游客进入云南后形成的以旅游带动的外来文化消费市场。就以2000年人均746元，全省4300万人口算，减去95.5亿元和36.27亿元的城镇文化消费和农村文化消费，还有188亿多的外来旅游者文化消费。因此，云南在发展文化产业的过程中，非常重视这一市场的培育，文化产品的开发生产有很大一块是围绕着外来旅游者来开展。这种现象在旅游资源异常丰富、外来旅游者人数众多，而本土文化消费量相对较小的西部各省市区普遍存在。

第三，资源整合是西部文化产业的重要特征。西部地区的文化资源相对零碎、分散，但种类繁多。这些资源单独看来，很难形成具体的文化消费产品，因此，整合性的、混生的文化产业就成为西部地区发展的一个重点。在资源整合过程中，旅游产业无疑成为资源整合最重要的平台。在旅游产业中，文化观光、民族风情体验、民族工艺品、民族饮食、自然风光等全部可以包容进去。这在西部地区的内蒙、新疆、陕西、青海、西藏、云南、贵州等省市的文化产业和旅游产业中随处可见。文化产业和旅游产业甚至已经达到水乳交融，难以分离的程度。

第四，积极拓展，走外向型发展道路。西部地区目前发展文化产业的制约因素主要集中在市场、人才、资本、技术等方面，市场发育程度低、文化产业发展急需人才相对匮乏、资本严重不足、技术水平低下等等。改变这种状况的唯一途径，就是扩大开放和交流，积极走外向型发展道路，以资源优势、项目优势来吸引东部地区乃至境外的资本、人才、管理、技术等参与当地文化产业的发展。在这一方面，云南实施了文化产业发展的“走出去”战略，并成功地在北京、上海举办了云南文化宣传系列活动、云南文化产业推介周等系列活动，向全国乃至全世界宣传了云南得天独厚的文化资源，以具有投资前景的文化产业发展项目成功进行了招商引资。而云南文化产业发展的典型代表——《云南映象》则成功在全国进行了巡演，赴外演出场次已超过400场，同时还赴美国、巴西、阿根廷等国进行了演出。在外向型发展思路的带动下，云南丽江、大理、香格里拉等地区的民间工艺品业，已走上了一条超常规的发展道路，其产品已得到海内外的关注和青睐，同时改变了简单的家庭作坊生产经营模式，逐渐走上现代产业化开发的路子。

三、西部地区文化产业的发展方向

经济社会发展水平相对落后的西部地区与东部地区相比，在发展文化产业方面存在着许多差距，产业发展的支撑力量相对薄弱，唯一的优势是丰富的文化资源。因此，西部地区在发展文化产业时，不能一味照抄照搬东部地区的发展模式，而是要立足于文化资源的开发利用，走特色发展之路。从西部地区文化产业发展的成功个案和经验看，其成功的关键正是突出了人无我有、人有我优、人优我特的特色。目前，西部各省区市发展文化产业的热情异常高涨，同时通过制定政策、鼓劲动员、研讨培训等各种方式，在全社会营造了一个有利于文化产业发展的良好氛围，良好的投资环境正在形成。而且，各省市都从自己的资源特色出发，制定了文化产业发展的目标、步骤和总体规划，使文化产业发展有了一个良好开端。作为发展基础相对薄弱、总体条件不尽完善的西部地区而言，发展文化产业面临着极为有利的机遇，同时也存在不少困难和问题。从自己的实际出发，积极稳妥地发展文化产业，成为西部各省区市的必然选择。我们认为，在西部地区发展文化产业，应注意在以下几个方面下功夫。

第一，立足于丰富多样的文化资源，着力创新文化资源开发利用的方式和途径，促进文化资源优势向经济优势、产业优势的转化。西部地区文化产业发展起步晚，在现代都市型文化产业的发展方面，与东部地区还存在着巨大的差距，许多产业发展的基本条件尚不完全具备，资源主导型的发展方向一时难以改变。因此，必须注重文化资源的开发利用。西部地区悠久的历史积淀了丰厚的历史文化资源，多民族的共生共存孕育了绚丽多彩的民族文化资源，气候、地形、地貌以及生物的多样性造就了旖旎迷人的自然风光，人文与自然相互交融，构成了一个巨大的文化资源富矿、金矿。但我们必须从经济及开发的角度来认识这一文化资源优势，梳理出可供产业化开发的文化资源，最大限度地挖掘它们所蕴含着的巨大经济价值。在开发利用文化资源的过程中，必须树立起强烈的创新意识，不能只是粗放式的简单加工，要应用与市场需求相吻合的现代理念，采用高新技术和手段，提升文化产品的艺术含量和科技含量，着力提高产品的附加值，尽力把资源型产业转化成以资源优势为依托的科技创新型产业。同时，要以科学发展观为指导，实施可持续发展战略，在开发的同时注意文化资源的保护，绝不能搞竭泽而渔的掠夺式开发。可以肯定地说，一旦西部的资源优势真正发挥出来，具有西部各省区特色的文化产业必然会引起全国、乃至世界的更多关注，赢得更大的市场。因此，应该树立起“西部要吃文化饭”、“文化要吃市场饭”的观念，把文化资源优势转化为文化产业优势。

第二，把发展文化产业与实现文化的繁荣、满足人民群众日益增长的精神文化需求结合起来。我们已进入全面建设小康社会的新的发展阶段。小康社会既要满足人民群众的物质需求，也要满足人民群众的精神文化需求；既要有经济的发展，也要有人的全面发展；既是人的知识水平普遍提高的社会，也是全民终身学习的学习型社会。所有这一切，都依赖和要求文化的高度繁荣和发展。但是，现实的情况是，我们能够提供的文化产品和文化服务，无论在数量还是质量上都远不能满足人民群众的需求，与全面建设小康社会的要求不相适应。所以，推动文化的大发展大繁荣是社会主义文化建设重要而紧迫的任务。在社会主义市场经济条件下，文化产品的生产和传输，绝大部分都要进入市场，遵循市场规则，通过商品交换转化为群众的消费，所以，文化产业是繁荣社会主义文化、满足人民群众精神文化需求的重要途径。我们一定要正确理解和把握好发展文化产业与繁荣文化、满足人民群众需求之间的手段与目的关系，把它们有机地结合起来。一方面，不能单纯地用文化的手段来繁荣文化，必须大力推进文化产业的发展，用市场机制激活文化生产力，通过产业化之路为社会提供更加丰富多彩的文化产品和服务；另一方面，也不能把文化产业发展理解为单纯的经济行为，必须着眼于出精品、出人才，着眼于繁荣社会主义文化，着眼于满足人民群众日益增长的精神文化需求，从而推动我国文化走上良性循环、健康发展的轨道。

第三，把文化产业的发展与相关产业特别是旅游业的发展结合起来。在现代市场经济条件下，迅猛发展的高新科技使文化产业与相关产业的融合互动成为可能，而且这种融合互动关系越来越显现和紧密。人类社会的经济活动或物质财富的创造过程，从来都不可能脱离精神、文明、文化而孤立进行。知识经济时代的到来，更是使精神、文明、文化强有力地渗透于经济发展的一切宏观和微观的层面，并越来越多地决定着物质活动的深度和广度。把文化产业和其他产业结合起来发展，是经济文化日益一体化的必然要求，同时也是西部省区全面建设小康社会的必然选择。要做到文化产业与其他产业的结合，一方面要求文化产业的发展要借鉴其他成熟产业的成功发展经验，避免走不必要的弯路；另一方面要积极引导其他产业给予文化产业必要的关注和支持，参与发展文化产业，并在发展中不断注入新的文化内涵。尤其要注意文化产业与西部各省区已培育成熟的其他支柱产业的结合，尽力把文化产业培育为新的支柱产业，并统筹兼顾，努力形成各大支柱产业齐头并进、相得益彰、相互促进的喜人局面。在西部地区，尤其要注意文化产业与旅游业的互动发展。西部各省区市已发展得相对成熟的旅游业为文化产业搭建了巨大的市场平台，为向外推广文化产品打通了一条捷径。面向国内外游客的消费需求，注重旅游类文化产品的开发，既是西部省区发展文化产业的重要内容，又可以辐射和带动整个文化产业的发展。利用好旅游业产业链长的特点，能在更大范围内促进休闲度假、娱乐演艺、节庆会展、体育、工艺品、报刊出版、影视音像等产业的发展。而文化产业则可以通过与旅游业的深度融合，不断丰富文化产品的形式和内容，强力拉动旅游业再上新台阶，形成双赢模式。

第四，把发展文化产业与贫困地区群众的脱贫致富结合起来。多数西部省区经济社会发展水平相对落后，我国的贫困人口绝大多数集中在西部地区。而这些尚未脱贫的地区都有一个共同的特点，就是交通不便、信息不灵、自然条件恶劣，传统产业包括农业的发展基础极为薄弱。与此同时，这些地区又往往具有民族文化独特、文化积淀深厚、民族风情浓郁的特点。换句话说，文化资源几乎是这些地区唯一可供开发利用的重要资源，使发展文化产业成为这些地区脱贫致富的一条捷径。文化产业具有的产业链长、辐射面广、群众参与性强、投资见效快、资金回收周期短等特点，决定了其完全可以有效地帮助贫困群众脱贫致富。因此，扶贫攻坚的目光也应该盯住文化生产领域，文化产业的发展也要面向广阔的农村，把文化产业的发展与贫困地区群众的脱贫致富有机地结合起来。在这方面，云南鹤庆新华村就是典型的例子。新华村能够从一个不起眼的小村子发展成为一个远近闻名人均收入超万元的富裕村，靠的就是文化产业。所以，在西部地区，要着重抓好乡村特色文化产业的发展，为群众脱贫致富开辟新的途径，积累新的经验。

第五，积极实施“走出去”战略，把文化产业的发展融入到全国的发展格局中。由于经济的、城市化的、消费水平的缘故，西部经济欠发达地区的文化产业的发展面临着本土市场狭小的致命性难题，解决这一难题的唯一办法就是拓展外部市场空间，把文化产品打入全国市场甚至国际市场。在发展文化产业时，不能光盯住一城一地，而是要有全球化的眼光，进一步扩大开放，加强合作，在“引进来”的同时，积极实施“走出去”战略，立足本地市场，拓展国内市场，打开国际市场。本地市场是各地文化产业发展的根基，也是检验文化产业实力的试金石。做大本地市场的关键在于树立起文化产业的主要服务对象是当地人民的意识，发挥文化产品在本地的亲和力，充分挖掘城乡居民的文化消费潜力。西部各省市区都应该加大宣传力度，扩大与兄弟省区市的交流和合作，通过在国内其他大中城市召开各种形式的文化产品推介会，参与各类会展活动等途径，把文化产品推向全国，为文化产业赢得更为广阔的市场空间。要坚定地实施“走出去”的国际化战略，紧紧抓住全球文化市场不断扩大的重大机遇，积极开拓国际市场。要鼓励国家的、地方的，国有的、民营的文化力量，按照国际惯例，通过国际间的文化代理和中介机构，加强国际间的合作，以全新的姿态参与国际文化竞争。

西部经济欠发达地区文化产业才刚刚起步，能否健康、和谐地发展，从宏观角度看，它依赖经济、社会的和谐发展，从微观角度看，则需要认识文化产业的内在本质和特征，充分认识自己文化资源的优势、弱点以及文化产业发展面临的难点、困境，认真定位，找准方向，走差异性竞争的特色发展道路。只有这样，才能在世界范围的文化产业大舞台上，找到适合自己生存发展的空间。

四、西部发展文化产业的路径选择

西部地区的文化产业究竟如何发展，如何选择更加适合西部实际的发展道路，是一个非常值得探讨的重大课题。下文中，我们尝试提出一些西部文化产业发展的具体路径选择。

一是政府促动之路。发展文化产业必须以市场为导向，以企业为主体，这一点是毫无疑问的。但是，要真正把文化作为一个大产业来抓，或者要把文化产业培育为新的支柱产业，离开了政府的引导和指导，离开了相关政策的支撑和扶持，从世界各国各地的经验来看几乎是不可能的。尤其在市场失灵或失效的时候，政府的作用更是必不可少。西部省区各级政府应该大胆探索新的形势下支持文化产业发展的新路子，通过政策制定、项目引导、业务指导、投资导向等各种法律和经济手段，把分散的文化企业的不同价值取向、利益趋向凝聚为共同的方向，集合各方力量，全面提升当地文化产业的整体实力和竞争力。

二是项目牵动之路。文化既有大、中、小概念之分，又有物质、制度、精神层面之别，对文化也很难有一个准确的而又能为各方所认同的定义。这就决定了文化产业的复杂性和多样性，从而在一定程度使人们面对文化产业发展问题时无所适从、无从下手，看着一块诱人的蛋糕却不知从何处动嘴。透过文化产业纷繁复杂的表象，我们发现文化产业实质上是一个个具体项目累加而成的，要融入文化产业发展大潮其实并不神秘。也就是说，项目是文化产业的一个最基本的载体，项目是发展文化产业最便捷、最有效的切入点。国内外的许多实践经验都表明，一个重大项目的实施，就有可能牵动一大批企业投身其中，就有可能带动一个产业群的发展。项目牵动的重点是要动员各方面力量，统一规划、科学论证，建立若干文化产业项目库，采取储备一批、发展一批、壮大一批、全面推进、重点突破的方法，做出影响、做出效益、做出经验、做出品牌，以项目的运作来牵动文化产业的发展。

三是品牌带动之路。品牌是一个地区、一个企业最重要的无形资产，是市场竞争能力的综合体现。通过维护、创立、发展文化品牌，可以对文化产业的发展产生资本聚集、规模放大、品质提升、消费导向、产业示范、利润增值等多重品牌效应。走品牌带动之路，首先是发掘和重塑现有的著名文化品牌，如古丝绸之路、兵马俑、九寨沟、峨眉山、三峡、古格故国、莫高窟、三江并流、香格里拉、丽江古城等等，对这些国内外闻名遐迩的文化品牌的重塑，本身就是一个发展文化产业的过程，而且可以派生出许多新兴的文化产业发展领域；其次是要树立品牌意识，推行品牌战略，开发和推广创新型文化品牌，以品牌扩大影响，吸附资本，开拓市场，带动产业整体发展。

四是要走会展驱动之路。随着西部大开发战略的推进、中国面向东南亚南亚开放的深入以及中国—东盟自由贸易区的建立，为西部地区大力发展会展业提供了千载难逢的良好机遇。我们应该看到，会展业的发展带来的不仅仅是它自身的壮大，而且能有效地驱动相关文化产业的发展，能够为文化产业发展构建一个宽阔的平台。如德国的汉诺威才几十万人口，却以连年举办国际汽车展、国际机床展和2000年世博会迎来大批国际游客而闻名天下，极大拉动了当地传媒、广告、咨询、旅游、餐饮娱乐等相关产业的发展。我们一定不能轻视会展业对文化产业的强大内在驱动力，采取“以会展培育文化品牌，以市场整合文化资源，以交易创造文化价值，以论坛汇聚文化信息，以科技推动文化创新”的方式，遵循“政府支持，社会参与，市场运作”的原则，大力开展各类会展节庆活动，努力形成“八方资源汇聚一堂，各路精英纷至沓来”的会展业发展局面。

五是要走人才推动之路。文化产业既有与其他产业带有共性的一般发展规律，更有自身独特的发展规律。每一件文化产品的生产，都毫无例外地凝聚着文化艺术人才的心血和灵感；每一次文化产品消费，都是一次消费者和生产者之间潜在的心灵沟通与交流。这一特殊的规律，决定了人才在文化产业发展中有着格外重要的地位和作用。发现和使用好人才，就能对文化产业的发展产生强劲的推动力。用人才来推动文化产业的发展，已经被实践所证明是一条切实可行的路子。如杨丽萍之于《云南映象》，宣科之于纳西古乐。《云南映象》和纳西古乐的成功，固然有许多的因素（如政府的大力扶持等等）在支撑，但如果没有杨丽萍，没有宣科，它们的成功就很难想象。走人才推动之路，基础是发现和培养人才，关键是使用好人才。同时要在人才成长与产业发展之间形成良性互动关系，使人才在产业发展中成长、提高，使产业在人才的推动下发展、壮大。

当然，上述这五个方面的路子并不能完全涵盖文化产业发展的可行路子，还需要我们在实践中不断摸索、不断创新。只要是有利于文化产业发展的，只要是不违反国家政策法规的，都应该大胆地试、大胆地闯。但需要强调的是，无论采取何种方式来发展文化产业，都应该把做出特色放在首位。特色是文化产品打开市场的敲门砖，特色是文化产业壮大发展的铺路石。必须以特求生存，以特谋发展，以特赢市场，做到人无我有、人有我优、人优我特。

参考文献

1. 孙安民:《文化产业理论与实践》，北京出版社，2005。

2. 云南省委宣传部、云南省社科院:《走向21世纪的云南民族文化》，云南人民出版社，1999。

3. 花建等:《文化产业竞争力》，广东人民出版社，2005。

4. 唐任伍、赵莉:《文化产业——21世纪的潜能产业》，贵州人民出版社，2004。

5. 王国荣:《信息化与文化产业》，上海文化出版社，2004。

6. 邱菀华等: 《现代文化产业项目管理》，机械工业出版社，2005。

7. 胡惠林: 《文化产业发展的中国道路》，上海人民出版社，2004。

8. 赵子忠:《内容产业论》，中国传媒大学出版社，2005。

9. 刘吉发等:《文化产业学》，经济管理出版社，2005。

10. 谢名家等:《文化产业的时代审视》，人民出版社，2002。

11. 尹世杰:《消费文化学》，湖北人民出版社，2002。

12. 李向民等:《文化产业：变革中的文化》，经济科学出版社，2005。

13. 朱威烈: 《国际文化战略研究》，上海外语教育出版社，2002。

14. 叶朗:《中国文化产业年度发展报告（2004)》，湖南人民出版社，2004。

15. 叶取源等:《中国文化产业评论》（第一卷），上海人民出版社，2003。

16. 叶取源等:《中国文化产业评论》（第二卷），上海人民出版社，2004。

17. 金民卿:《文化全球化与中国大众文化》,人民出版社,2004。

18. 赵有田等:《综合国力竞争与文化冲突》,长春出版社,2004。

19. 黄凯锋:《解放文化生产力——文化管理体制的价值分析》,上海人民出版,2005。

20. 方明光:《文化市场与营销》,上海人民出版社,2003。

21. 朱希祥:《文化产业发展与文化市场管理》,华东师范大学出版社,2003。

22. 花建等:《文化金矿——全球文化产业投资成功之谜》,海天出版社,2003。

23. 金冠军等:《冲突. 融合. 发展——关于文化全球化和WTO的思考与对策》,学林出版社,2003。

24. 江蓝生等:《2001—2002:中国文化产业发展报告》,社会科学文献出版社,2002。

25. 江蓝生等:《2003:中国文化产业发展报告》,社会科学文献出版社,2003。

26. 江蓝生等:《2004:中国文化产业发展报告》,社会科学文献出版社,2004。

27. 江蓝生等:《2005:中国文化产业发展报告》,社会科学文献出版社,2005。

28. 胡惠林. 李康化:《文化经济学》,上海文艺出版社,2003。

29. 胡惠林:《文化政策学》,上海文艺出版社,2003。

30. 刘玉珠. 柳士法:《文化市场学》,上海文艺出版社,2003。

31. 黄飚:《文化行政学》,上海文艺出版社,2003。

32. 祁述裕：《中国文化产业国际竞争力报告》，社会科学文献出版社，2004。

33. 林拓等：《世界文化产业发展前沿报告（2003—2004）》，社会科学文献出版社，2004。

34. 彭立勋：《城市文化战略与高品位文化城市——2005 年深圳文化蓝皮书》，中国社会科学出版社，2005。

35. 胡惠林："论文化产业结构的战略性调整"，《思想战线》2003 年第 4 期。

36. 何军："政策倒逼传媒业加快整合步伐"，《上海证券报》2004 年 4 月 7 日。

37. 杨波："中国文化产业发展趋势分析"，《中国文化报》2004 年 5 月 28 日。

38. 张正彦、孔岩、尹少文：《WTO 与中国文化产业政策》，中共中央党校出版社，2001。

39. 顾江："文化市场建设中的政府介入机制"，《江海学刊》2001 年第 5 期。

40. 李江帆："文化产业：范围、前景与互动效应"，《经济理论与经济管理》2003 年第 4 期。

41. 程恩富：《文化经济学通论》，上海财经大学出版社，1999。

42. 郭兴旺："发展文化产业，繁荣文化事业"，《中国经济时报》2003 年 3 月 31 日。

43. 《第二届中国文化产业（国际）论坛论文集》（上、下册），人民日报出版社，2004。

责 任 编 辑:鲁　静
特约责任编辑:孙　晓

图书在版编目(CIP)数据

文化产业发展论/丹增 著. -北京:人民出版社,2008.5
ISBN 978-7-01-005290-8

Ⅰ. 文… Ⅱ. 丹… Ⅲ. 文化-产业-研究-中国
Ⅳ. G124

中国版本图书馆 CIP 数据核字(2008)第 134112 号

文化产业发展论

WENHUA CHANYE FAZHANLUN

丹　增　著

人民出版社 出版发行
(100706 北京朝阳门内大街 166 号)

诚达印务有限公司印刷 新华书店经销

2008 年 5 月第 2 版 2008 年 5 月北京第 2 次印刷
开本:787 毫米×1092 毫米 1/16 印张:14.5
字数:155 千字 印数:10,001-15,000 册

ISBN 978-7-01-005290-8 定价:30.80 元

邮购地址 100706 北京朝阳门内大街 166 号
人民东方图书销售中心 电话 (010)65250042 65289539